タイで見つける最幸の働き方

タイ語がほとんど
話せない僕が
バンコクでベンチャー
社長になった理由

■著者 森場 忠和
Moriba Tadakazu

梓書院

はじめに

あなたはタイが好きですか。

この本を手にしてくださったということは、少なくとも「興味がある」ことには間違いないと思います。


結論から言います。

あなたはぜひ、タイで働くべきです。タイ語も話せない、海外で暮らすのも初めてという「ド」がつくほどの初心者だった私が、タイで起業してから8年。紆余曲折ありながらも今日に至るまで、何とか生き延びていられるのは、「タイが好きだ」という、その気持ちがあったからなのです。

妻の助言をきっかけにタイへ

その前に、「お前は何者なんだ」というツッコミが聞こえてきそうなので、簡単に森場忠和という人間について説明します。

私は大学を卒業後、監査法人トーマツで公認会計士として5年ほど、IPO支援をしていました。その後、バックパックでヨーロッパを中心に、12カ国25都市を周った際に、海外でビジネスをする日本人に強いあこがれを持つようになり、「自分も海外に出よう」と、海外部署があるDeNAに入社。3年ほど経営企画部に勤めました。

結果、DeNA時代には、海外で働くことは叶わなかったので、次こそはという強い思いのもと、アジアでの就職を目指すことにしたのです。やったことがある仕事じゃないとさすがに難しそうだと思い、海外の会計事務所をくまなく探し、フィリピンのとある会社から内定をもらいました。

ところが、「よし、夢にまで見た海外勤務だ！」と新しいスタートに胸を躍らせ

ているると、

「なんでフィリピンなの？　フィリピンで働く理由は何？」

妻から、ストレートな疑問を投げかけられたのです。

なんでと言われても、海外で働くことが前提で就活したわけだし、内定ももらえたし……と、私は思わず口ごもってしまいます。するとと妻が再び言いました。「そんな単純な理由じゃなくて、もっと冷静になって考えなさい」と。

ひと晩考えた私は妻に告げます。

「タイに行くことにした」

タイは夫婦で何度も行ったことがあり、大好きな国のひとつ。特に入りたい会社があったわけではないし、どこからも内定をもらっていなかったのですが、改めて、「働く理由」を探すと、フィリピンよりもタイの方がたくさん見つかったのです。

「食事が美味しい」

「人が優しい」

「観光地として日本人を受け入れる器も大きい」

こうした条件を満たす国は、タイ以外に考えられませんでした。

「まだ働く場所さえ決まっていないけど、タイで働こうと思う」


そう言った私に、妻は「いいじゃない。好きという気持ちが何より大切よ」と、ほほ笑んでくれました。

海外に住んだこともなければ、働いたこともない私が、縁もゆかりもない地で仕事をするくらいなら、好きな国を選んだ方が長続きするだろう、というのが妻の考えでした。こうして、私の目指す地が「タイ」に決まったのです。忘れもしない、2013年7月の出来事でした。

危機を乗り越えられたのは「好き」だったから

とは言え、就職先は見つかっていません。さてどうしたものかと、妻と話した後で、Facebookを何気なく開いたら、驚くべき投稿が目に入りました。会計士の先輩が「タイで会計事務所の代表をやりたい人はいませんか」と、書き込んでいたのです。

このチャンス、逃してなるものか！　すぐに「特に戦略などは考えていませんが、今しがた、タイで働きたいと決めたばかりです」とメッセージを送り、その日の夜に会いに行きました。先輩は私を見て、「タイの会計事務所にビジネスチャンスがあるから、お金を出すと言っている人がいる。やってみるか」と、ニヤリ。もちろん、二つ返事でOKを出しました。もう、運命としか思えなかったのです。

話はとんとん拍子に進み、決心の日から3カ月後の9月にはタイにいました。

日本は肌寒くなり始めていた頃だというのに寒さはまったく感じず、あらためて異国の地に来たのだと感じたことを、今でも覚えています。

渡航を決める前に日本やタイで出会った方から「今は日系企業が次々にタイに進出していて会計事務所の受け皿が足りない状態。お客は待っていてもどんどん来る。チャンスだよ」と言われていたのですが、現実はそんなに甘くはない。開設当初はお客はゼロ。しばらくは時間を持て余す日々が続きました。

でも、私が好きで選んだ国です。「まあ、こんなこともあるだろう。ゼロから頑張るのも楽しい。少しずつだ」と、前向きに構えることができました。

もしも、「内定をもらったから」という理由だけでフィリピンを選んで働き、何かトラブルに見舞われてしまったら、すぐに後ろ向きな考えが湧いていたかもしれません。「ああ、好きな国で働くことを決めて良かった」と、心から実感した瞬間でした。

近年は、デュアルライフの地に海外を選ぶ人が増えているように思います。「発展途上だから」「物価が安いから」「日本人が多そうだから」など、選択基準はたくさんありますが、何より大切にしてほしいのは「好き」という気持ちです。

例えば、日本に来た外国人と会話をしたとしましょう。彼は日本語があまりしゃべれないなりにも、「日本のここが好きなんだ」と、つたない言葉で好きという気持ちを伝えてくれます。すると、自然と「こいつはきっといい奴だ」と、思うのではないでしょうか。初対面の相手であっても、自分の故郷や慣れ親しんだ地を「好き」と言ってもらえるだけで、一気に距離が縮まるはずなのです。

長いことタイで働いていると、それを顕著に感じます。

ビジネスシーンで馴染めていない人の共通点は、「やらされている感」がそこかしこからあふれ出ているところです。「なんでタイで働いているの？」と聞かれたときに、「日本は嫌いだから働きたくなくて、タイはなんとなく楽そうだから」なんて言ってしまった日には、即アウト。一気に現地の人から距離を置かれてしまうでしょう。

私はまず自己紹介をするときには、自分がいかにタイのことが好きか、をアピールするようにしています。そうすると「こいつはただ金儲けをするためだけに来たわけじゃないんだ」と、思ってもらうことができて、スタッフともコミュニケーションが取りやすくなるからです。

好きだからタイ語を勉強しようと思えるし、好きだから言葉が通じなくても頑張って伝えようとする。これが、たいして思い入れもない国だったら、ただの苦痛でしかありません。「好き」という思いは、それくらい大切だし、パワーがあるのです。

私は現在「会計事務所Ｊ－ＣＲＯＷＮ」で、会計・税務・法律の相談はもちろん、タイでの経営相談やＭ＆Ａ支援など、多岐にわたって活動しています。２０１６年にはＷＡＯＪＥ（日本人起業家ネットワーク）のタイ支部副理事にも就任しました。長きに渡り、タイで仕事をしていく中で感じるのは、「仕事がしやすく、暮らしやすい、なんて素敵な国なんだろうか」ということです。

一方で、私のようにタイで働きたいという強い志や夢を持ちながらも、さまざま

な障壁が邪魔をして諦めてしまう人が多いのも事実です。あれこれ考えていたら、二の足を踏んでしまうのも無理はありません。

だからこそ、こうアドバイスしたい。「好き」という気持ちさえあれば、きっとうまくいく。そう信じてください。「興味がある」程度であっても、大丈夫。きっとこの本を読み終える頃には、タイのことが好きで好きでたまらなくなっているからです。

本書には、タイで働くポイントを、私なりの視点で盛り込みました。さあ、あなたも魅力にあふれるタイの地で、新たなスタートを踏み出しましょう！

Chapter ❶
タイで生活をする

米クレジットカード大手のマスターカードが、毎年発表する「世界渡航先ランキング（世界の主要200都市を訪れた外国人（観光客と出張旅行者）の人数と滞在中の支出額を調べたもの）」によると、2019年に最も多くの外国人旅行者が訪れた都市はバンコクでした。この結果からも分かるように、タイはあらゆる国の中でも圧倒的に他者を受け入れる体制が整っているように感じます。

こと日本人においてはそれが顕著で、よく「親日国」と言われている通り、国全体が日本人を好きなんだなというのを、あらゆるシーンで実感します。つまり、日本人であるというだけで、タイはすでに暮らしやすい国なのです。

ここからは、タイという国に住む上で知っておきたい、現地のライフスタイルや常識について話したいと思います。

居心地の良さ世界一!?

タイを訪れる観光客は年々増加していて、2019年には約4000万人と、なんと日本への観光客数を上回っています。

タイが旅行先として人気なのは、「物価が安いからだ」とよく言われますが、私はそれだけではないと考えています。タイが人気の理由――それは、何より「居心地が良いから」だと思うのです。

例えば、タイは観光業に力を入れているだけあって、接客業に携わる人のほとんどは簡単な英語が使えます。

後に詳しく触れますが、タイで英語がペラペラ話せる人というのは、しっかりした教育を受けた富裕層の人たちのみ。露店で店番をしている人やタクシーの運転士のほとんどは、本来はタイ語しか話せません。

それでも、たくさん訪れる観光客と少しでもコミュニケーションが取れるようにと、英語を勉強している人が多い。だから、タイ語が話せなくても、聞き取れなくても、私たちは気軽に旅行を楽しめます。

日本はどうでしょうか。

外国人が買い物に来ても、「私は英語が話せないから…」と、接客を拒む店員を時々見かけます。日本は等しく教育を受ける環境が整っていますから、ちょっと頑張れば、日常会話レベルの英語は誰だって使えるはずなのです。

それなのに、フレンドリーに接しないのは、「日本語が話せないお客の接客はしません」と表明しているようなものです。観光地として、これでいいわけがありません。

一方、タイ語がしゃべれない外国人（日本人含む）のことをも温かく受け入れてくれる国・タイ。どちらが居心地の良さを感じられるかは、一目瞭然でしょう。その結果が、冒頭の数字に表れているのです。

旅行先としてこれだけ心地良く過ごせるのだとしたら、実際に住んでみるとどうなるのか。

断言します。

「最高！」

このひと言に尽きます。その根拠を、ひとつずつ見ていきましょう。

知らない人はいない!? タイ料理の魅力

「タイ料理」と聞いて、何を思い浮かべるでしょうか。

「グリーンカレー」「トムヤムクン」「ガパオライス」など、食べたことがなかったとしても、メニュー名は聞いたことがあると言う人は多いと思います。

これって、実はすごいことなのではないか、と私は考えています。

例えば、「イタリア料理」と聞くと、多くの人が思い浮かべるのは「ピザ」や「パスタ」でしょう。タイ料理ほど細かいメニュー名が日本に浸透しているものは、中国料理や韓国料理くらいで、他にはあまりないと思うのです。

また、これは個人的な感覚かもしれませんが、タイと日本との間では、料理を食べたときに感じるギャップが少ないのではないかとも思っています。

例えば、日本で食べるインド料理と本場で食べるインド料理には結構な味の差があります。日本ではそんなことはないのですが、インド現地で食べると、私の場合は胃もたれをしがちです。

一方、タイ現地で食べるタイ料理は、限りなく日本のタイ料理店の味に近いことがほとんどです。もちろん、本場の方が辛味や塩加減は強いのですが、注文時に調整もできるので、日本人が食べやすい料理＝タイ料理なのではないかと感じています。事実、私の周りで「タイ料理はおいしくない」と言っている人を聞いたことがありません。

「食生活に影響が出そうだから海外はちょっと……」と言う人が時々いますが、そんな人にこそ、ぜひタイ料理を味わってほしい。きっと「タイ料理なら毎日食べられる！」と思えるはずです。

日本食レストランは3000店以上！

モスバーガー、吉野家、ＣｏＣｏ壱番屋、大戸屋、一風堂……タイの中心部であるバンコクのショッピングモール内を歩いていると、日本の大手飲食チェーン店をたくさん見かけます。

大手だけではありません。日本で数店しか飲食店を経営していない店舗が、タイに店を構えていたり、あるいは、日本の飲食店で働いていた人が独立して、個人で日本食の店をオープンしたりと、日本の料理店が多い。その数は実に3000店舗以上もあると言われています。

スーパーに行けば、醤油にポン酢に味噌と、私たちになじみの深い調味料がずらりと並び、コンビニでは、おにぎりや総菜パンも売っています。もちろん輸送費の問題もあるので、例えば、納豆は3パック200円といったように、やや高価。それでも、「タイで売られていない日本食はない」と言っても過言ではないほど、本当に多くの慣れ親しんだ料理を食べることができます。

さらに国際都市であるタイ・バンコクには日本食だけでなく、タイに住む外国人が経営するイタリアンやフレンチ、中国料理や韓国料理などの飲食店も充実しています。

海外で暮らしたり、長期の旅行をした経験のある人の多くは、一度は「故郷の味が恋しい……」と郷愁を募らせることがあるはずです。でも、タイならホームシックにかかりにくい。少なくとも私たち日本人にとって、バンコクで食事に困ることはないというのが、私の実感です。

美食も楽しめる懐の深さ

「Asia's 50 Best Restaurants」をご存知でしょうか。「地球上で食事をするのに最適な場所の最も信頼できる指標」をコンセプトとした、アジアのベストレストランを決定するランキングです。

実は、タイには日本の並み居る有名店を抑え、2年連続で1位に輝いた飲食店があ

タイのラーメンチェーン店。豚骨ラーメンが人気のようだ

ります。それが「Gaggan（ガガン）」（現在は閉店し「Gaggananand（ガガンアナンド）」としてリニューアルオープン）です。

　オーナーシェフを務めるのは、コルカタ出身のインド人、ガガン・アナンドさん。彼は「世界一予約が取れないレストラン」と称されたことのあるスペインの「エル・ブジ」で働いていたこともある凄腕の持ち主です。

　ガガンを一躍有名店に押し上げたのは、世界的に話題の分子料理（科学的なアプローチで作る料理）を、インド料理で実践した点だと言われています。実際に、ここで提供される料理は普通の「インド料理」ではなく、実に前衛的。価格帯は言わずもがな、非常に高価なのですが、現地のセレブ達に愛されていたそうです。

シェフがタイ人でもなければ、提供する料理もタイにまったく関係がない。そんなレストランを受け入れる土壌があるのは、タイならではかもしれません。だからこそ、日本食レストランが3000店以上もあり、そのほかの国の料理もたくさん食べられるのでしょう。

日本と変わらない生活が送れる？

「そうはいっても、日本とタイじゃ環境が大きく変わるから馴染めるだろうか……」

安心してください。食事以外でも、タイには日本人が暮らしやすい環境が整っています。

例えば、タウン誌やグルメ専門誌など、日本語のフリーペーパーが充実しています。

また、日本語で書かれた書籍も実にたくさんある。

ビジネス街として知られるアソークには、アソーク駅から徒歩10分ほどのところに、「国際交流基金バンコク日本文化センター図書館」があり、日本のビジネス本や実用書をはじめ、漫画やＤＶＤが充実しています。利用に必要なのは顔写真２枚とパスポートのみ。しばらくここで過ごしていると、まるで日本にいるかのような気分になってしまうほどです。異国にいるときほど、自国のことをもっと学びたい・知りたいという欲がどんどん湧いてくる。そんなときには、決まってここに立ち寄るようにしています。

また、海外で暮らす際に挙げられる「病院」問題も、心配いりません。タイの主要都市にある病院の医療水準はとても高く、特に、バンコクには、日本人向けの大病院がいくつかあり、中には、日本人専用窓口を備えたところもあります。

日本語可能な医師や日本語通訳をする医療スタッフが常駐しているため、安心して治療を受けられます。もちろん治療費は高めですが、保険に入っていれば、さほど心配する必要はありません。

最近では、日本語が通じる美容整形病院や歯科医院も増えてきているので、美容手術やインプラント手術を受けに来る日本人もいます。

もちろん、気候や街の雰囲気など、１００％日本と変わらないとは言い切れませんが、海外の中でも、タイと日本の親和性は高いというのが、実際に暮らしてみて感じたことです。

一方で、日本と大きく異なるところもたくさんあります。そのひとつが、住居の安さでしょう。

5万円あればプール付きマンションに住める

50平米で警備員が常駐し、マンション内にあるプールとジムは使い放題。

さあ、この物件の家賃はいくらだと思いますか。

東京でこのレベルのマンションに住もうとすれば、かなり高額ですよね。

ところが、バンコクには、この条件で4〜5万円で住める物件がごろごろと存在しています。

食費は、価格が高い日本食をどの程度食べるかにもよりますが、自炊をメインとしていれば、毎月2万円、光熱費に1万円と考えれば、10万円もあれば文句のない生活が送れると言えます。それほど、タイの物価は低いし、特に家賃は激安なのです。

「もっといい暮らしをしたい」という人には、中心部の中でも、高級物件が建ち並ぶ「プロンポン」や「トンロー」エリアがおすすめ。駐在員やその家族が多く住んでいて、ほとんどの物件はコンドミニアム——いわゆる分譲マンションです。

広さは200〜300平米なんて当たり前で、家具や家電、調度品まですべて備え付けの場合がほとんど。家賃は20万円以上の物件が多く、それでも日本で同じレベルの部屋に住もうとしたら、その3倍から5倍と考えると、かなりリーズナブルです。

また、日本とは違う生活といえば、メイドやベビーシッターを気軽に雇えることです。例えば、メイドの給料は家の広さなど条件によってさまざまではあるものの、一

現在のタイの住まい。1LDK で家賃は 8 万円だ。キッチンも広い

般的な家だと、半日働いてもらって1400円前後が相場です。フルタイムで週5回働いてもらったとすると、5万円くらいでしょうか。日本よりもはるかに安い値段で依頼できるため、特に、駐在員家庭は一家に一人メイドがいると言っても過言ではありません。

メイドやベビーシッターに限らず、タイは「誰かに何かを依頼する」といったことが気軽にできるというのが私の印象です。例えば、バイクタクシーに少しお小遣いを渡して、「ちょっとあそこのコンビニで飲み物を買ってきてほしいんだけど」と、お願いをしたら、時間があれば、すんなり受け入れてくれます。「家具の配置を変えたいけど人手が足りない」というときでも、周辺を歩いている若い男性に声をかければ気軽に手伝ってもらえるのです。

人の手を貸してもらうということに関して、みんな考え方が気楽なのです。そういう意味でも、タイなら、幸せなライフスタイルを安価で手に入れられると言えるでしょう。

世界一の格差社会だけど……？

タイの都心部には、先進国のような高層ビルが建ち並び、その様子に、「思っていたのと違った！」と驚く人は少なくありません。

しかし、街の中心部を少し離れると、バラックのような小さな家が固まっているエリアも多数あります。大手企業で働き、クーラーがしっかり効いた涼しい部屋に住む人がいる一方で、生まれて間もない赤ちゃんを抱いて、街角で物乞いをする女性もいる。タイは、まさに歴然とした格差社会なのです。

事実、スイスの銀行「Credit Swiss」が各国の収入格差を２０１８年に調査したところ、世界一の格差社会はタイであることが分かっています。調査では、人口の１％の富裕層（約50万人）がタイの富の66・９％を保有していると出ていました。

この数字だけをみると、悪いことのようですが、実際、不思議なことにギスギスしている感じはありません。

低所得者層は自分たちの暮らしを、「不当なものだ」と考えている様子はありません。「気軽に人の手を貸してもらえる」と先述した通り、物乞いをする人たちでさえ、それに対し「情けない」といった意識はないようです。市井の人々の多くは、物乞いを見かけると、さりげなくポケットから小銭を出します。さらにいえば、高所得者層が低所得者層をさげすむようなこともありません。

所得格差を示す「ジニ係数」は、0.4以上で社会的不安が起き、0.5以上で暴動が起きると言われていて、タイのジニ係数は0.4～0.5を行ったり来たり。それなのに社会的不安は起きず、高所得者層から中間層、低所得者層まで、激しく対立することなく共存できています。

「タンブン」の教えで格差社会の厳しさを中和

この背景には、タイの仏教の教えのひとつ「富める者は貧する者に与えよ」という「タンブン」の考えがあるのでしょう。

タンブンとは「徳を積む」という意味で、タイ人はまるで息をするかのように、タンブンをします。物乞いをする人々に援助したり、お寺に寄進したり、僧侶に施しを与えたりといったことは、タイ人にとっては当たり前。むしろ、自分が大変な時こそ他人に施すといった考えがあるくらいです。

それは、現世でしっかり徳を積む「タンブン」をすることで、より良い来世を迎えられると信じられているから。だからこそ、高所得者層と低所得者層が入り混じっていても、不思議と殺伐とした雰囲気にならないのでしょう。

また、これは私の見解ですが、低所得者層の人々は決して、「自分たちもバリバリ仕事をして高所得者層になりたい」という考えを持っていないように思います。

例えば、自分は時給1000円なのに、時給1000万円を稼ぐ人がいたら、「そもそも生まれたときから違うんだろう」と、比較する気も失せるでしょう。それと同じで「所得が低くても、気楽に楽しく生きられたらいいじゃん」という考え方が根本にあるのではないかと思うのです。

厳密に調べたわけではないのですが、おそらく低所得者層の人も、きっと何かしらで「タンブン」をやっているのだと仮定すると、ある意味でのあきらめというか、「自分は来世がもっと良くなればいいや」というような考えが、現世をありのままで生きて楽しんでいこう、受け入れていこうという境地に導くのではないでしょうか。

ちなみに、低所得者層の人々が、自由気ままに暮らしている一方、高所得者層のエリートたちは、「自分たちはタイの未来を背負っているんだ」というプレッシャーと常に闘っていると言われています。「医者の子どもは医者」という考えと同じように、彼らは彼らで「この家に生まれたからには、立派な人間にならないといけない」と、常に頑張っているのです。つまり、高所得者層の人々もまた、自分の運命を受け入れている。だからこそ、みんな共存できているのかもしれません。

世界で一番幸せな国・タイ

そんな考え方でいられるのは、タイにはタイならではの仕事を生業にしている人が多いからだとも思います。

例えば、靴磨き職人のように、道端にミシンを置いて洋服のお直しを仕事にする人は珍しくありませんし、生活に困窮したらお寺に駆け込んで僧侶になるという手段もあります。

また、商売をするために中国から移り住んだ「華僑《かきょう》」と呼ばれる人たちが、タイにはたくさん住んでいることから、親戚の誰かしらが商売をしている人も多く、いざとなれば、それを手伝うという手もあります。誰もが何かしらの仕事を持っている状態なのです。

だからこそ、低所得者層でも「まあ、なんとかなるでしょう」という気持ちでいられる。それを裏付ける数字が、アメリカの「ブルームバーグ」が対象63カ国の調査結果をもとにまとめた「悲惨指数ランキング」に表れています。

この調査はインフレ率と失業率から悲惨指数を割り出し、国の住みやすさを測るというもの。数値が高ければ高いほど、経済状態が「悲惨な国」、低いほど、「幸福な国」という解釈になります。それによると、なんとタイはここ数年で失業率は1％未満、インフレも起きていないことから、「幸福な国」ナンバーワンに輝いているのです。

所得格差がここまで開いているにも関わらず、「幸福な国」と言われているなんて首をかしげてしまいますが、しかし、実際にタイに住んでみると、「なるほど、格差は関係なくみんなそれぞれ幸せそうだな」と思えるはずです。

幸せを助長する「マイペンライ」

「まあ、なんとかなるでしょう」とか「とりあえず楽しく生きられたらいいじゃん」という考え方はタイ人に共通していて、それを象徴する言葉が「マイペンライ」です。「マイペンライ」は「気にしないで」という意味で、沖縄の「なんくるないさー」に近いでしょう。とにかく、何かトラブルがあっても、みんな「マイペンライ」と口にします。不思議なことに、この言葉を聞くだけで自然とその場が温かな雰囲気になるのです。

例えば、商談の時間に遅れてしまったとき、私たち日本人は「本当に申し訳ございませんでした！」と、土下座をせんばかりの勢いで謝罪をします。相手はそれを受けて、「まあまあ、頭を上げてください」とは言うものの、本心はまだ怒っているのではないか……と、気が気でない経験をしたことがある人は多いのではないでしょうか。

しかし、タイでは「すみません」と謝ると、相手はすぐに「マイペンライ！」と笑顔で答える。すると、「ああ、大丈夫だ」と心から安心できるのです。この経験をした人は、次に自分が謝られる立場になったときも「マイペンライ」と返すようになります。こうしてタイのマイペンライ文化はつながっていくのです。

ビジネスの場でも、当たり前のように、この言葉を聞きます。最初のうちは、「いやいや！　もっと危機感を持って！」と思いたくなることが多々ありましたが、次第に、「マイペンライ」と言われるだけで、脱力感というか、肩の力が抜けていくようになりました。「こんな小さなことでピリピリしても仕方ないな」と思えてくるのです。

おそらく、タイで働く多くの日本人は、タイに来てから心が穏やかになったとか器が大きくなったと感じている人がほとんどでしょう。それほど、「マイペンライ」の言葉が持つ威力は絶大。ここにも、タイの人々が幸せでいられる理由があるのだと思います。

タイのデパートの日常風景

タイでは、日本の常識が通用しないことがよくあります。

代表的なのがデパートに入っている店のスタッフたちです。この違いは、観光に訪れた人も感じたことがあるでしょう。

日本では、接客中のスタッフが私語を話そうものならクレームが寄せられます。もしも、レジの中でスマホをいじっているスタッフを見つけたら、「仕事をさぼっている」と、不快な気持ちになるでしょう。

しかし、タイでは、お客がいなくて暇なときや特に話しかけられない限りは、店員はレジの中で座ってゲームをしたり、メールをしたりするのが当たり前なのです。

デジタル機器を売っているフロアは特に日本との差を感じます。日本でパソコンを買おうと思って家電売り場に足を運ぶと、頼んでもいないのに「どういうものをお探しですか」と、スタッフが話しかけてきます。ところがタイの場合は、店員のスタンスが、「欲しかったら自分で選んで買うでしょ」という感じで、客に変に干渉してきません。最初のうちはちょっとびっくりしますが、「一人で静かに買い物をしたい」という人にはもってこいだし、話しかければそれなりに応えてもらえるので何ら問題はないのです。

また、タイのデパートといえば「SUPERCAR PARKING」という、スーパーカー専用の駐車場があるのも特徴です。「この車種しか入れません」とランクが決まっている、いわばＶＩＰのための駐車場。一般車とは違う出入口が用意されていて、看板に大きく「ＳＵＰＥＲ　ＣＡＲ」と書かれています。中にはポルシェやランボルギーニなどの高級車がずらり。あからさまな差別なので、日本だと不平不満の声が上がりそうですが、タイではこれが当然なのです。

差別といえば、王族が来るとデパートを閉鎖するのもタイの常識。おそらく、王族の方々がデパート内で買い物をすることによって生じる混雑を防ぐためもあるのだと思いますが、日本でこんなことがあれば、やはり「差別だ！」となるでしょう。ところが、タイではそうならない。こういう風景を見るたびに、面白い国だなあと思うのです。

「タオライ？」が飛び交う市場や屋台

タイで生活する上で、絶対に覚えておきたいのは値引き交渉の方法です。百貨店ではなかなか通用しませんが、市場や屋台、街中にある露店では「タオライ？（いくら？）」と尋ねるのが当たり前。むしろ、店側も値引きを大前提に通常より高めに価格を設定しています。

個人のタクシーやバイクタクシーに乗る際にも、まずは、「目的地までいくらで行ってくれるか」を聞くことが大切。きっと相手が日本人だと分かれば相手は高めに見積もってくるので、「それは無理。このくらいの値段ならどう？」と、値切る覚悟を持ちましょう。

これは、ビジネスの場面でもよくあることです。タイ人を相手に仕事をする際は、値引かれることが当然。日本のビジネスシーンでも、「もう少し価格を下げて…」と言うことはあれど、交渉する側はどこか「格好悪いな」、される側は「ケチだな」と、値切りに対してネガティブな印象を持ちがちです。

しかし、タイ人はそんな様子はまったく見せません。むしろ、「なんで値切らないの？」と考えるくらいです。「そんなこと、常識的に考えてありえない！」と思うかもしれませんが「郷に入れば郷に従え」。日本の常識は一度捨てて、タイの常識をインプットするようにしましょう。

国民の祝祭日は企業も休み

タイ人が最も大切にしている祝日「ソンクラーン」の内容も押さえておきたいところです。

日本の代表すべき祝日といえば1月1日の正月で、多くの企業は「三が日」は休みになります。タイ人にとっての正月は4月13～15日の「ソンクラーン」。この期間は商店や企業だけでなく官庁も休みになり、地方出身の人は田舎に帰ります。家族や友だちで集まり、朝から飲めや歌えの大騒ぎ。そしてメインイベント「水かけ祭り」が始まるのです。

また、国王の誕生日と王妃の誕生日もそれぞれ祝日となります。日本も天皇陛下の誕生日は祝日ですが、大きな違いはタイの場合、王宮前には十数万人規模の人が集まり国王や王妃の誕生を盛大に祝うところでしょう。国民全員が国王を絶対的存在としてとても大切にしているのです。

「好きな気持ち」をしっかり伝えて

少し、タイで暮らすイメージが湧いたでしょうか。

ちなみに、私はタイ語がまったく話せない中で事業を始めました。かろうじて使えたのは「サワディーカップ（こんにちは）」「コープンカップ（ありがとう）」「アロイ（おいしい）」の観光客レベルのタイ語で、現地の人の話を聞き取るなんてとてもできませんでした。

海外旅行の経験はあったので、「日常会話レベルならいけるだろう」と、英語にはそれなりに自信はありましたが、仕事の場で、日本語以外を使うのは初めて。じゃあ、どうしたのか。まずは現地で週に2～3回、語学学校に通いました。運がいいやら悪いやら、当時は仕事もあまりなかったので、勉強する時間はたっぷりあったのです。

今でもそんなにペラペラとスムーズに会話ができるわけではありませんが、日常生活で困らないレベルになったのは、タイに来てから3カ月ほど経った頃です。

基本、ビジネスでは英語を使うことがほとんどなので、英語さえ話せれば問題はないのですが、タイ人の中でも英語が話せるのはいわゆる高所得者～中層の人たちのみ。日常生活の中では英語が通じない人と話す機会も多々あります。

そんなときには、例えば、先ほど紹介した「タオライ？（いくら？）」など、ちょっとした単語を覚えていればなんとかなります。

そして、なんといっても、「私はタイが好きだから働いています」ということがタイ語で表現できるようになれば、むしろそれだけでＯＫなほど。現地では「我々の母国語を勉強しているということは、この人はタイの文化を尊重している」と受け取ってくれる人が多いので、それだけでとても好意的に接してもらえるのです。カタコトであっても、できる限り使うことを意識していれば、「自分たちの国を理解しようとしているんだ」と感じてもらえます。

事実、私よりタイ語が話せる日本のビジネスマンは現地には山ほどいますし、私自身はそれほど上手ではないのにもかかわらず、「君、タイ語うまいね」とか「君は素晴らしい」と言われることがよくあります。それはタクシーの運転手、マッサージのおばちゃん、レストランのボーイ、仕事先で出会う人……など、ちょっとした挨拶をするときに、「タイが好きなんです」ということを、誠心誠意、伝えるからだと思っています。

仕事をするときも、私は最初の挨拶だけタイ語で話し、「すみません。ここから先は英語で話します」と断りを入れるようにしています。そうすると相手も、「この人なりに頑張って話そうとしてくれているんだな」と思ってくれるようで、それ以上を求めてきません。

そんな私でもこうして働けているのですから、「タイ語が話せないからタイでは暮らせない」なんてことは決してありません。好きな気持ちがあれば十分なのです。

コラム①

知っておきたいタイの基本情報

タイの首都は言わずもがな「バンコク」ですが、実は正式名称があるのをご存知でしょうか。

正式には「クルンテープ・マハーナコーン・アモーンラッタナコーシン・マヒンタラーユッタヤー・マハーディロック・ポップ・ノッパラット・ラーチャタニーブリーロム・ウドムラーチャニウェートマハーサターン・アモーンピマーン・アワターンサティット・サッカタッティヤウィサヌカムプラシット」と言い、意味は「天使の都、雄大な都城、帝釈天の不壊の宝玉、帝釈天の戦争なき平和な、偉大にして最高の土地、九種の宝玉の如き、心楽しき都、数々の大王宮に富み、神が権化して住みたもう、帝釈天が建築神ヴィシュヌカルマをして造り終えられし都」となります。タイ人は「バンコク」とは言わず「クルンテープ（天使の都）」と言うのです。覚えておくと、現地の人から「おっ」と思ってもらえるかもしれません。ほかにも、タイのことをもっと好きになってもらうために、タイの基本情報を紹介させてください。

◆人口

東南アジアの中心に位置するタイの国土面積は約51万平方キロメートルで日本の約1.4倍。人口は約6700万人（2019年12月時点）とされています。そのうち、タイ族は約85％、中華系が10％、その他にモーン・クメール系やマレー系などの民族が暮らし、山岳部には独自の文化や言語を持った少数民族も暮らしています。

◆気候

亜熱帯のタイは1年中高い気温が続くため、よく「季節のない国」と言われますが、実は3つの季節が存在します。ひとつめは「暑季（3～5月）」で、1年の中で最も暑く、日差しが強い時期。特に、この頃の午後2時～4時の時間帯は耐えられないほどの暑さのため、街中の人は減ると言われています。

2つめは「雨季（6〜10月）」。この頃はとにかくスコールが降ります。と言っても30分〜1時間くらいでやむ場合がほとんどなので、日本の梅雨より過ごしやすい。ただ、スコールで道路が浸水してしまうこともあるので、交通手段には気をつけてください。

最後は「乾季（11〜2月）」です。気温が少し下がってスコールもあまり降らないので、観光のベストシーズンでもあります。「タイは1日中半袖で過ごせるのでは」と思われるかもしれませんが、この時期は朝晩が15〜20度まで冷え込むこともあるので、薄手の羽織りものを持っておくことをおすすめします。

◆政　治

タイは1932年以降、立憲君主制を貫いています。

元首：ワチラロンコーン国王陛下

暫定首相：プラユット・チャンオチャ（2014年8月〜）

行政組織：内閣は国王によって任命された首相1名と35名以内の国務大臣（大臣・副大臣）によって構成されています。中央行政組織は、1府19省からなり、各省庁には国務大臣及び一部省庁に副大臣が任命されています。

国会：国会は上院（議員数150名、任期6年）及び下院（480名、任期4年）で構成されます。下院480名のうち400名が中選挙区制により、また残りの80名が全国を8つのブロックに分けた比例代表制による選挙で選出されます。上院については、150名のうち77名が1県を1選挙区とする選挙区制により、また、残りの73名は選出委員会によって選ばれます。

地方行政制度：県（チャンワット）、郡（アンプアー）、町（タムボン）、村（ムーバーン）という内務省を中心とする中央政府による監督下の地方行政単位と特別法に基づく、県行政機構、町行政機構、バンコク都、パタヤ特別市という地方自治体が混在しています。県知事、郡長は内務省官僚で任命されるものですが、バンコク都、県行政機構等の地方自治体の首長は公選です。

（タイ国政府観光庁より引用）

コラム②

大麻を医療用に!?

タイでは2019年に医療大麻が合法化され、2020年からはそれを使った治療が各医療機関で始まりました。

医療大麻の合法化は今や世界的なトレンドで、各国で規制緩和に関して議論がなされています。その中でも、タイはアジアでもいち早くその波に乗ったのです。世界の潮流を見ながら、非常にフレキシブルで機動的な部分がタイにはあるのだということが分かる良い例だと思います。

事実、タイ政府は医療大麻の推進に非常に力を入れていて、スマートフォンアプリで大麻クリニックの予約ができるサービスを開始しました。さらには「ドクターガンジャ」といわれるゆるキャラ（?）まで作っています。

大麻はてんかんや多発性硬化症の治療、がんなどの慢性疾患に伴う痛みの緩和に適しているといわれています。2021年3月14日のタイ保健省の発表による

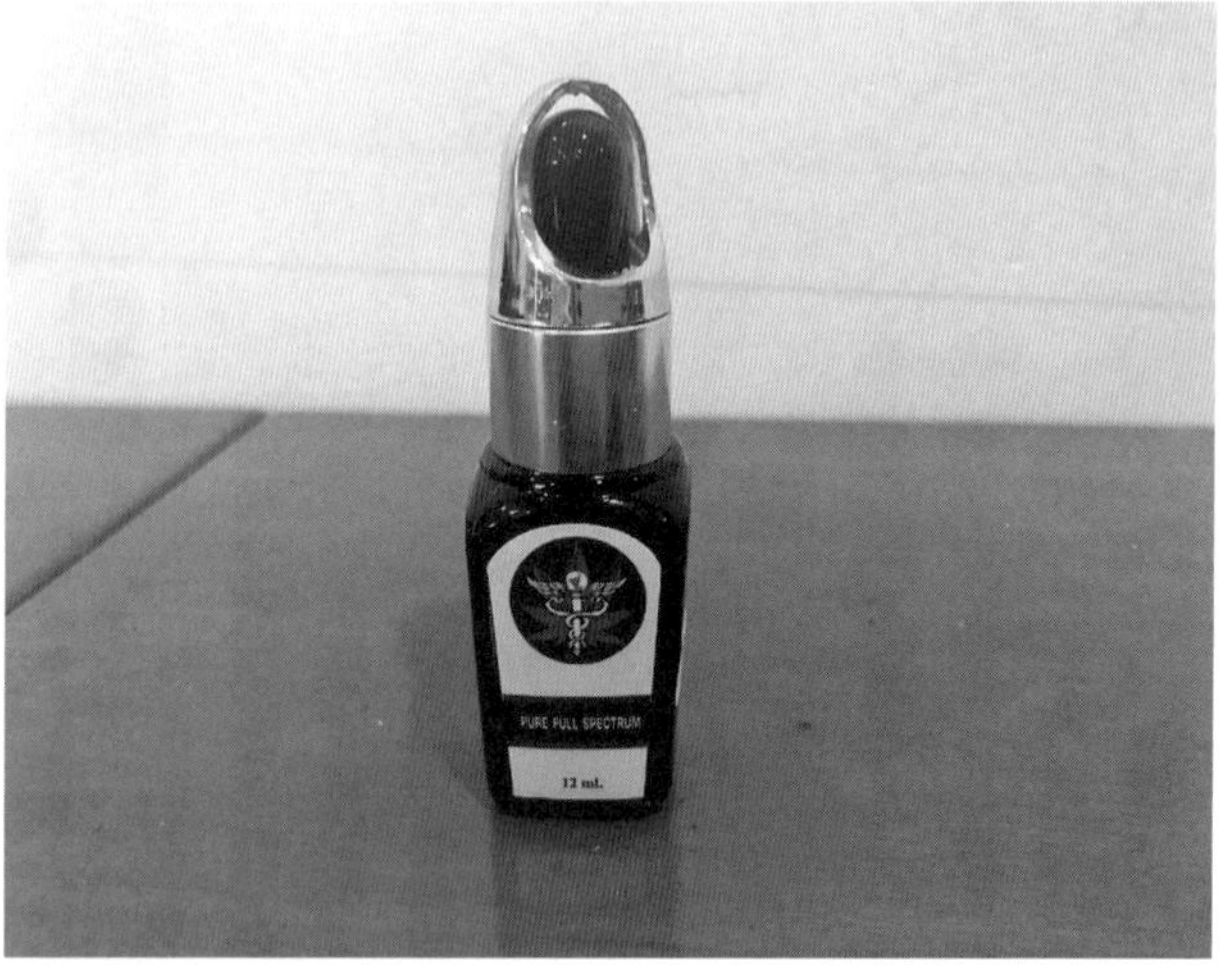

これがいわゆる大麻オイル

と、タイには現在758カ所の医療用大麻クリニックがあり、治療を施した患者のうち74％に効果があったことが分かっています。

実際、私も一度治療を体験してみたところ、睡眠の質が上がった実感がありました。日本では「大麻＝悪」のように扱われがちですが、一部では「医療用としてなら利用可能にしてもいいのではないか」といった声も上がっています。大麻の利用を声高に推進するつもりは決してありませんが、タイのように新しいものを国全体で取り入れる姿勢は見習いたいものです。

ちなみに、最近ではタイの病院に併設された食堂で大麻を使った料理メニューを出すところも増えてきているそうです。メニュー名は「お祭りサラダ」「にゃにゃパン」など、どれもユニーク。このネーミングセンスはなかなかですよね。

ところで、なぜここまで国を挙げて普及しようとしているのか。最大の理由は「経済的な利益」だといわれています。まだ可決されていませんが、ゆくゆくは一般の農家が大麻の栽培ができるようになるよう審議中で、そうなれば農家の収入は増える見込みとのこと。大麻がタイの成長スピードを押し上げるきっかけになるかもしれないのです。

Chapter ❷
タイのビジネス事情

1960～70年代。高度経済成長期真っ只中の日本は、熱気に包まれていました。よく「あの頃の雰囲気が、今のタイにはある」と言われます。実際、給与は毎年右肩上がり、転職もすぐに決まるレベルで仕事がたくさんあるのがタイのビジネス事情。とにかく成長がすさまじいのです。

きっと今後もバンコクの人口は増えるので、ビジネス面では非常に面白いことになっていくはずです。タイで仕事を始めて約8年。私なりの視点で、タイのビジネス事情やビジネスを始める上で気を付けておきたいことなどを掘り下げていきます。

カオスな国

賃金は年々上昇し、失業率は1％と、まさしく高度経済成長真っ只中のタイ。

タイの人はもともと「今あるお金は今使う」といった考え方で貯金をしないタイプが多いのですが、それでもここ近年の消費はすさまじいものがあります。

例えば、タイ人のほとんどはスマートフォンを持っていますし、投資を案内する看板が街中の至る所に掲げられています。日本食の店は値段が高いのでこれまでは現地の駐在員御用達のようになっていましたが、最近では、タイ人の姿もよく見ます。もはや発展「途上」ではないのではないか、と思うほどです。

一方で、まったく開発が進んでいないエリアも存在している。これは個人的な考え方なので、正しいかは分かりませんが、私は「もしかしたらタイは意図的に発展のスピードを抑えているのではないか」と、時々考えてしまいます。

例えば、タイは渋滞がすさまじいのですが、これを解決するために交通インフラを整える技術は、すでに持っているはずなのです。なのに、なかなか変わらない。それはもしかしたら、交通インフラを整えたら、昔から馴染みのあるバイクタクシーやトゥクトゥクが使われなくなり、これで生計を立てている人の仕事が奪われてしまうからなのかもしれません。あるいは、みんな「ありのまま」を受け入れているから、急いでいろんなものを変えようと思う風潮がないのかもしれません。

でも、私はこのアンバランスな感じこそが、タイの魅力だと考えているので、どれだけ経済が成長しても、近代都市のようにはならないでほしいなと思っています。「ここは本当にタイなの？」と思うような、きらびやかな世界がある一方で、わざとなのかというほど「汚い」ものも共存している。このカオス感は、ずっとなくならないでほしいのです。

ビジネスで必要なスキルとは

そんなカオス感にひかれて、タイが好きになった私のように、最近では、「自分もタイでビジネスを始めてみようかな」と言う人が増えています。しかし、「でもスキルがないからなあ」とあきらめる人も多い。

では、どんなスキルを持っている人がタイで働きやすいのか。

一概には言えませんが、そもそもの大前提として、「外国という異国の地に馴染んで暮らすことができる」というスキルがないと無理でしょう。

例えば、これは言わずと知れた話で、タイ（というか、ほとんどの外国）は水道水の水が飲めません。飲食店で出された氷をかじると、お腹を壊すともいわれています。日本では考えられないけれど、事実なのです。

だから、タイではミネラルウォーターが必須です。もしも、「水を買うなんて絶対に無理」と考える人はタイのみならず、海外には向いていないかもしれません。「郷に入れば郷に従え」を、タイで実行できる自信がなければ、無理にタイでビジネスを始める必要はないともいえます。

もうひとつ絶対に必要なのは、コミュニケーションスキル。ここでいうコミュニケーションスキルとは「語学力」ではなく「文化適応力」だと思ってください。

仮に、日系企業で働いたとしても、周りがすべて日本人というわけではありません。もちろん、通訳をしてくれる人もいると思いますが、だからといって、「自分は日本が一番大好きだから、日本語しか喋らない」と言う人は、タイのビジネスシーンでは勝ち残っていけないでしょう。

極論、語学は勉強さえすればなんとかなります。しかし、それよりも大切なのは先述したように「相手や異文化を理解する」「その国の文化に適応する」という心持ちなのです。

「社に持ち帰ります」は非常識!

日本では正しいことがタイでも正しいとは限りません。しかし、日本の常識が捨てられない人を、ビジネスシーンでもよく目にします。

どれだけ現地の人が話そうとも「普通はこうです」とか「私の考えが正しいと思い

ます」と押しつけてしまう。しかし、ここはタイで、相手はタイ人。日本でのやり方を通したところで、うまくいくはずがないのです。

商談の際、日本では、おおかた答えが見えていたとしても、ビジネスマナーとして「いったん持ち帰って、社内でよく検討してお返事します」と保留にすることがほとんどですよね。ところが、タイにはそんな文化がないので、これを言おうものなら「いったん持ち帰る？ 君たちは今日この場に何をしに来たんだ⁉」と思われてしまいます。それほどお互いにギャップがあるということを前提に、相手の常識をどれくらい理解できるかが、タイで働く上では非常に重要でしょう。

基本的には「ここは相手のホームで、自分はアウェイだ」と常に言い聞かせておくことをおすすめします。かたくなにならず、合わせるべきところは合わせるという柔軟性も時には大切。もしも、どうしても譲れないことがあれば、つたなくてもいいからしっかりと理由を説明すれば、相手は分かってくれるはずですから。

人口7万人の街で仕事を始める!?

「タイで起業をするなら、タイ人を相手にしたビジネスが一番だ」と考えている人が意外と多いように感じます。「タイの財閥はこういうサービスを欲しているかもしれない。もしも当たれば大儲けだ」と、最初からホームランを狙いがちなのです。

もちろん、中にはそのやり方で成功をした人もいますし、開発した商品を自分の代わりにタイ人に売ってもらうといったビジネスもありえるでしょう。しかし、まずは現地に住む日本人を相手にする方が、入り口としてはスムーズなのではないかと、私は思います。

現在、タイに在住する日本人は約7万人。まずは、この7万人を相手に何が提供できるかを考えてみましょう。

例えば、テレビCMを打ったとしても、現地の番組を見ているのはほとんどタイ人だけ。在タイ日本人に存在を知ってもらうには、日本人街付近で配布されている日本人向けのフリーペーパーが最も効果的です。このように、7万人に絞ればターゲット

タイのバンコクで発行されている日系フリーペーパー大手「週間ワイズ」

も話す言語も明確になり、広告展開も考えやすいのです。

タイに限らず、日本人が日本人として海外で強みを出していくには、やはり、日本人相手じゃないと難しいと思います。中には「タイ人を相手にしないなら、海外に進出しても意味がない」と言う人がいますが、必ずしもそうだとは思いません。タイ人を相手に仕事をすることがゴールであるならば、日本で輸出業をやっても成立しますから。

だから、タイ進出を考えている人はもっと肩の力を抜いて大丈夫なのです。まずは7万人を相手に商売できる内容をしっかり考えられるなら、十分タイで働いていけます。

かくいう私も、タイに来るまでは「グローバルで活躍する」「世界中を飛び回る」という言葉から、海外で仕事をするには語学がかなり堪能で、どこの国に行っても活躍できる人でなければいけないと信じていました。

しかし、どこの国でも働ける人というのは、言い方を変えればどこの国にもはまらない人なのではないかと、あるとき気づいたのです。それよりも「タイが好きだから、自分と同じようにタイが好きで、ここに住んでいる7万人の人たちのために、何ができるか」をとことん考えられる人の方が、現地で楽しく働けるのだと、実際にタイで仕事を始めて実感しています。

だからこそ、まずは四の五の言わずに、現地に足を運んでみてほしいのです。そしてしっかりと自分の肌で感じてほしい。もしかしたら「こんな仕事もできそうだ」という新たな気づきを得られるかもしれませんし、はたまた「考えていたビジネスだと、なかなかうまくいきそうにない」と思うこともあるかもしれません。いずれにしても、行ってみないことには分からないのです。

日本人は異文化に触れたり、文化を理解したり、違うものを受け入れるという経験が圧倒的に少ない。だから、海外で働くことはハードルが高いと思い込んでしまいがちです。でも、まずはあれこれ難しいことは取っ払い、シンプルに考えてみましょう。それがタイで暮らしながら働くことのスタートです。

地域密着型が成功のカギ

こういう話をすると「タイってどのくらい儲かるの？」と聞かれることがよくありますが、儲かるか儲からないかは、私には答えようがありません。どのレベルがその人にとっての「儲かった」に当てはまるのかも分かりませんし、日本人である私がどんなに「いいビジネスだな」と思ったとしても、ここで暮らす人々に刺さらなければ意味がないからです。だから、こう聞かれるときは「それは、やってみないと分かりません」と答えています。

しかし「タイで働くのって楽しいの？」という問いには、胸を張って「楽しいですよ」と答えられるし、「タイが好きなんだけど、働いていけるかな」と聞かれたら、「好きなら間違いないですよ」と自信を持って言えます。

タイで楽しく働くためには、「地域に密着する人材の方が評価される」ということを意識しておくことも大切です。一度だけやってくるレベルの高い偉い人のサービスや講演よりも、地域に密着してサポートをしてくれる人材の方が信頼されやすい。地位や名誉よりも、その人の人間性を尊重してくれるともいえます。

先ほど「在タイ日本人を相手に仕事をした方が良い」と説明しましたが、多くの場合は、日本人単体では完結しない商売ばかりでしょう。どこかで、必ずタイ人との関わりは必要になってきます。そんなときに、タイの人々が注視するのはそれがどんなに優れたビジネスなのかというよりは、いかに地域のことを分かっているのかという点です。

何度も言ってくどいようですが、そのためには、タイのことを把握し、何よりタイを好きでいることが一番。タイに溶け込んでこそ、あなたの仕事は成功します。

タイで信頼を得るには？

そう、ずばりタイで働いていくためには、何より現地の人々からの「信頼」を勝ち取ることが大切です。

以前、タイと日本に会社を持つクライアントから「会社の内部のフローの状況がどうもよく分からなくて困っています」と相談されたことがあります。その方のタイの会社には、日本人スタッフが複数いて、皆さん一様に輝かしい経歴の方々でした。「こんなに優秀な人たちがいるなら、内部フローを整理することなんて容易なんじゃないのか」と思ったのですが、クライアントいわく「タイ人スタッフのやっていることや言っていることがよく分からなくて、問題が生じているんです。どんなことをしているのか、なぜそれをやるのかを聞き出して文書にまとめてくれませんか」と依頼されました。

私は「自分の会社の従業員なんだから、外部の人が突然出てきてあれこれするような話ではないと思います。きちんと気持ちを伝えたら分かってもらえるはずですよ」

と素直に伝えました。それでも、どうしても力を貸してほしいと言うので、結果的には、私の会社で働くタイ人のマネージャがスタッフにヒアリングをして事なきを得ましたが……。

この出来事は、タイでうまく仕事をしていく上で、いかに関係性・信頼性の構築が大切なのかを改めて考えさせてくれました。ちなみに、この会社はタイ人スタッフがなかなか長続きしないことにも、頭を悩ませているようでした。手前味噌ではありますが、私の会社には、設立1年目に5人いたタイ人スタッフのうち、4人は現在も一緒に働いてくれています。辞めた1人は「キャビンアテンダントの試験に受かるまで働く」という理由で入社し、無事に試験をパスしたため巣立ったのです。

私とクライアント、ビジネスの優秀具合でいえばきっとクライアントの方がはるかに上回っています。それでも、タイ人スタッフとしっかり関係性を築いて、お互いに信頼し合えているのは、確実に私だと思うのです。

人対人の関係が信頼につながる

友人であり、東南アジアで、人材開発プロジェクトを手掛ける「Asian Identity」のCEOを務める中村勝裕氏が以前、日本人とタイ人の信頼の作り方についてこんなことをブログに書いていました。

日本人とタイ人の信頼の作り方を比較すると、日本人はどちらかというと「タスクベース」。つまり一緒に仕事をすることで、相手のしてくれた行動に対して信頼を積み重ねます。一方でタイ人は「関係ベース」。つまり食事をしたりお茶を飲んだり、人間として付き合える相手であるかどうかで信頼関係が決まります。世界との比較でみれば、日本人もタイ人も「関係ベース」ですが、二者のポジションには微妙な違いがあります。この辺りはタイで仕事をしている人であれば感じる部分があるかもしれません。

これを読んだ時に、パソコン画面の前で、首が痛くなるほどうなずきました。まさにその通りで、タイ人は「関係」を構築してこそ信頼関係が強まっていくのです。むしろ、そこにはビジネス上の付き合いなどは存在せず、人対人として見ているのだと思います。

現地で信頼を勝ち取ってスムーズに仕事を展開していくためには、まず何よりもタイ人との関係性をしっかり築き上げていくことが重要なのです。

タイ人スタッフとうまく付き合うには……

私の会社のタイ人スタッフは長く働いてくれていますが、これは決して普通のことではありません。

タイは失業率が低く売り手市場のため、安易に会社を辞めて次を探そうと考える人がたくさんいるのです。なぜなら日本ほど福利厚生が手厚くなく、終身雇用の概念が存在しないから。たいしたメリットもない会社で長く働く必要はないと判断し、もっといい条件を求めてスタッフが辞めていくのです。

企業側も「辞められたらまた次の人材を雇えばいいや」くらいの考え方でいる。だから、失業率が低くなるのかもしれませんが、せっかく雇ったタイ人をまた最初から育てるのはなかなか大変です。

スタッフを定着させるには、やはり関係性をしっかりと構築して、彼らが居心地の良い職場にすることが何より大切。これができていれば、給与があまりにも安くない限りは「社長が好きだから」「働きやすいから」という感じで、末永く職場にいてくれるようになります（もちろん、働きぶりに応じて給与をアップするといった工夫も大切です）。

また、タイ人はプライドが高いため、人前で失敗をとがめるようなことをするのもNGです。多くの人は「無理をしてまで頑張る必要はない」と考えています。みんなの前で一人のタイ人スタッフを叱ったら、次の日からその人が会社に来なくなってしまったということも、よく聞く話なので気を付けましょう。

ランチと飲み会で関係を築く

ちなみに、私がタイ人スタッフとうまく付き合うためにやっていることは2つ。

ひとつは「みんなが屋台で買ってきたタイ料理を、ランチの時間にオフィス内で一緒に囲んで食べること」です。これは会社を設立した当初からずっと続けています。日本だと「毎日一緒に働いているのに、休憩時間くらい一人にさせてほしい」という声が聞こえてきそうですが、そんなことを考えるタイ人はいません。みんなで同じものを食べながら「おいしいね」と語り合う。そんなコミュニケーションがお互いの関係性を作るのです。

もちろん、これは強制ではないので「今日は外に食べに行きたい気分」という人は、特に申告することなくふらっと外出します。それについて「みんなで食べるんだからあなたもここにいなさい」などと、誰かが咎めることはありません。このゆるさも、タイ人の特徴です。

2つめは「飲み会」。最近の日本の若者は「飲みニケーション」を嫌う傾向にあり、

会社の飲み会はレクリエーションがないと成り立たない。みんな全力で楽しんでくれるのでこちらまでうれしくなる

忘年会や新年会を嫌がる人が増えているとよく聞きますが、タイは正反対。飲み会や社員旅行が大好きです。

私の会社のスタッフはボーリングとカラオケにみんなで出かけるとなったときには大興奮。普段は「マイペンライ」の精神で、来週の仕事の予定すら確認しないのに、1カ月以上も前から自ら店の予約を取り、何度も予算の確認をしてきました。それほど楽しみにしているんだなと、こちらもうれしくなります。タイ人スタッフと仲良くなるためには、ぜひ、飲み会や食事会を定期的に開くことをおすすめします。

呼び名が信頼のバロメーター

タイで生活をしていると、タイ人同士がお互いを「ピー〇〇(名前)」「ノーン〇〇(名前)」と呼び合っている光景を目にします。1歳でも年上の人には、名前の前に「ピー」を付け、年下の人には「ノーン」を付けているのです。

ただし、初対面の相手には使いません。一緒に仕事をしたり、生活をしたりする中で、お互いを尊敬し合う気持ちが芽生えて、初めて「ピー」「ノーン」を付けて呼び合うのです。

こうすることで仲間意識が芽生え、より絆が深まります。逆にいえば、いつまでも名前だけで呼び合う場合、信頼感を得られていないとも考えられます。また、もしも相手が「ピー」あるいは「ノーン」を付けてくれた場合は、自分もその呼び名を使うようにしましょう。それだけでグッと距離が縮まるはずです。

さらにいえば、タイ人はよく愛称（ニックネーム）でお互いを呼び合います。しかも『ただかず』だから『たっちゃん』というように名前に関連性のある愛称ではないことがほとんどで、愛称から名前を想像することはほぼできません。

実は、タイ人の本名はかなり長くて、本名で呼び合う人はゼロに近い。例えば、タイ国王の中で、最も在位期間が長かった故・ラーマ9世の本名は、「プラバート・ソムデット・プラパ ラミンタラ・マーハー・プミポン・アドゥンヤデート・マヒタラーティベート・ラーマーティィボディー・チャクリーナルボディン・サヤーミンタラー ティィラート・ボロムマナートボピット」というそうです。

これは極端な例ですが、タイでは、「名前は長ければ長いほど素晴らしい」と考えられているため、国王に限らず、一般人も結構な長さの名前を持っています。本名で呼ぼうものなら、名前を呼び終わる頃には、話そうとしていた内容を忘れてしまいそうですよね。だから、愛称が日常生活に根付いているのだと思います。

日本の職場では、上下関係問わず、愛称で呼び合うなんてあまりないことだから、最初は戸惑うかもしれません。でも、タイ人スタッフとの交流を深める上では、欠かせない習慣のひとつなのです。

タイビジネスの可能性

タイのビジネスといえば、長年、製造業が中心でした。

近年は状況が変わり、少しずつサービス業が台頭しています。JETROが発表した「タイ日経企業進出動向調査2020年」の調査結果によると、これまでに活動が確認されている日経企業数は5856社で、2017年度の調査から比べると412社増えていることが分かっています。

中でも、サービス業は前回の調査の896社から121社増えて、1017社になっています。それに対し、製造業は前回の調査比で2社減とほぼ横ばいです。

かつては、「日本よりも低賃金で労働力が確保できるから」という理由から、次々に進出していた日本の製造業でしたが、最近はタイの経済発展に伴って状況は一変。おそらく、国民の所得が上がり、人件費も上がったことで「消費市場」としてタイを見る企業が増えてきたのではないかと思うのです。

事実、「タイで生活をする」の章でも触れた通り、近年では、日本食の店がどんどん増えています。2021年3月には回転寿司チェーン「スシロー」のタイ1号店もオープンしました。同社はこれまでも日本と海外に600店舗以上を展開していますが、今回のタイ1号店は店舗面積約800平方メートル、収容客数は350と、世界最大の規模だというから驚きです。それほど、タイの消費市場に期待を感じているのではないでしょうか。

きっとこの先、経済発展に伴い、ＩＴやテクノロジー系の業種をはじめ、非製造業の進出がさらに盛んになることが予想されます。

もはや、日本にないサービスは存在しないと言ってもいいほど、タイは今後大きく変わっていくことでしょう。こんな変化を間近で見ていると、ビジネスチャンスはたくさんあるのだとワクワクして仕方がないのです。

表1　業種別にみた日系企業数（前回調査との比較）

			前回調査（2017年）		今回調査（2020年）		増減率 2017年→2020年	
			社数	構成比	社数	構成比	社数	増加率
農業、林業、漁業、鉱業			17	0.31%	16	0.27%	−1	−5.9%
建設業			150	2.76%	152	2.60%	2	1.3%
製造業			**2,346**	**43.09%**	**2,344**	**40.03%**	**−2**	**−0.1%**
非製造業	情報通信業		191	3.51%	209	3.57%	18	9.4%
	運輸業、郵便業		204	3.75%	211	3.60%	7	3.4%
	卸売・小売	卸売業	1,278	23.48%	1,392	23.77%	114	8.9%
		小売業	82	1.51%	94	1.61%	12	14.6%
	金融業、保険業		95	1.75%	91	1.55%	−4	−4.2%
	不動産業、物品賃貸業		100	1.84%	188	3.21%	88	88.0%
	サービス業	広告業	31	0.57%	36	0.61%	5	16.1%
		飲食店	147	2.70%	170	2.90%	23	15.6%
		教育、学習支援業	44	0.81%	55	0.94%	11	25.0%
		医療、福祉	17	0.31%	24	0.41%	7	41.2%
		マッサージ・スパ・エステ	22	0.40%	16	0.27%	−6	−27.3%
		洗濯・理容・美容・浴場業	16	0.29%	31	0.53%	15	93.8%
		旅行・観光・宿泊業	80	1.47%	67	1.14%	−13	−16.3%
		専門サービス業　注）	256	4.70%	312	5.33%	56	21.9%
		技術サービス業	153	2.81%	173	2.95%	20	13.1%
		その他のサービス業	130	2.39%	133	2.27%	3	2.3%
	電気・ガス・熱供給・水道業		26	0.48%	33	0.56%	7	26.9%
	学術研究、専門・技術サービス		18	0.33%	22	0.38%	4	22.2%
	小　計		**2,890**	**53.10%**	**3,257**	**55.62%**	**367**	**12.7%**
分類不能の産業			41	0.75%	87	1.49%	46	112.2%
合　計			5,444	100%	5,856	100%	412	7.6%

注）専門サービス業：コンサルタント、会計事務所、法律事務所、職業紹介、労働者派遣など

コラム③

タイの新型コロナウイルス対応

タイで、新型コロナウイルスの感染者が急増したのは２０２０年3月以降だったと記憶しています。感染源は流行国から渡航した外国人からというケースもありましたが、その多くはパブやナイトクラブなど、集団活動をする場での感染だったことが分かっています。そのため、タイ政府は感染を抑制するための政策を迅速に発表しました。

例えば、別の国からタイへの帰国を希望するタイ人は、タイへの渡航前に、医療証明書を取得しなければなりません。また、タイに到着した際には、全員が14日間隔離所に滞在し、毎日健康状態を監視されなければならないという決まりを作ったのです。さらに、タイに渡航することができる1日当たりの渡航者数も制限されました。

それでも減らない感染者を前に、3月25日には緊急事態宣言を発表。ショッピングモールやレストラン、スポーツスタジアムやジムなど、感染の危険性が高まるような、人が密になる場所での活動は全面的に禁止されました。また、午後10時から午前4時までは、完全に外出禁止という厳しい決まりも施行。この外出禁止令を破った者はタイの法律に従って処罰されます。

現在では、多少の規制が緩和されているものの、感染拡大を懸念してすぐさま行動に移したタイ政府と、おとなしくそれに従ったタイ国民たちを見て、私は感動しました。日本だと、なかなかこうもスムーズにいかないだろうと思ったのです。

ちなみに、実は、私も14日隔離を二度経験しています。日本からタイに到着すると、誰にも会わないように、すぐさまあらかじめ予約していたホテルへ直行。一度目は初めての隔離だったので持ち物を失敗しましたが、二度目は万全。スーツケースの中にレンジで温めるごはんやカップラーメンなどを大量に詰め込み、少しでも隔離期間を楽しく過ごせるように工夫しました。

また、メイドさんに日本食をたくさん作ってもらい、まとめて届けてもらうという策にも出ました。これがあるだけで、一度目の隔離生活よりも随分と楽しく過ごせました。やはり、食事は生命維持のために欠かせません。もし、今後隔離生活をする予定の方がいらっしゃれば、ぜひ、レトルト食品の充実をお忘れなく！

ちなみに、タイから日本に帰ってきた時は、ホテルに監禁されることもなく、政府や保健所から何の連絡もありませんでした。「気楽でいいな」と思う一方で、大げさなほど対策を立てるタイを少し頼もしくも感じたのでした。

二度目の隔離生活は、日本の味が恋しくならないように、スーツケースにしこたまお菓子やレトルト食品を詰め込んだ。漫画や本は息抜きに

Chapter❸ 家族でタイに暮らしてみると……？

私の妻はタイで2人の子どもを出産し、それぞれ5歳と3歳になるまで家族4人で現地で暮らしていました。

その経験から言えるのは、「タイは子育てがしやすい国」だということ。なんといっても、タイ人は家族を最優先に考える人たちなので、仕事よりもプライベートの時間をとても大切にしているのです。「仕事が忙し過ぎて帰宅は深夜。家族との会話がほぼない…」なんて悩みをこぼしている人にこそ、タイで働いてみてほしい。人生観が変わるかもしれません。

タイの子育て事情、家族で住むことのメリットを、私なりにひもといてみます。

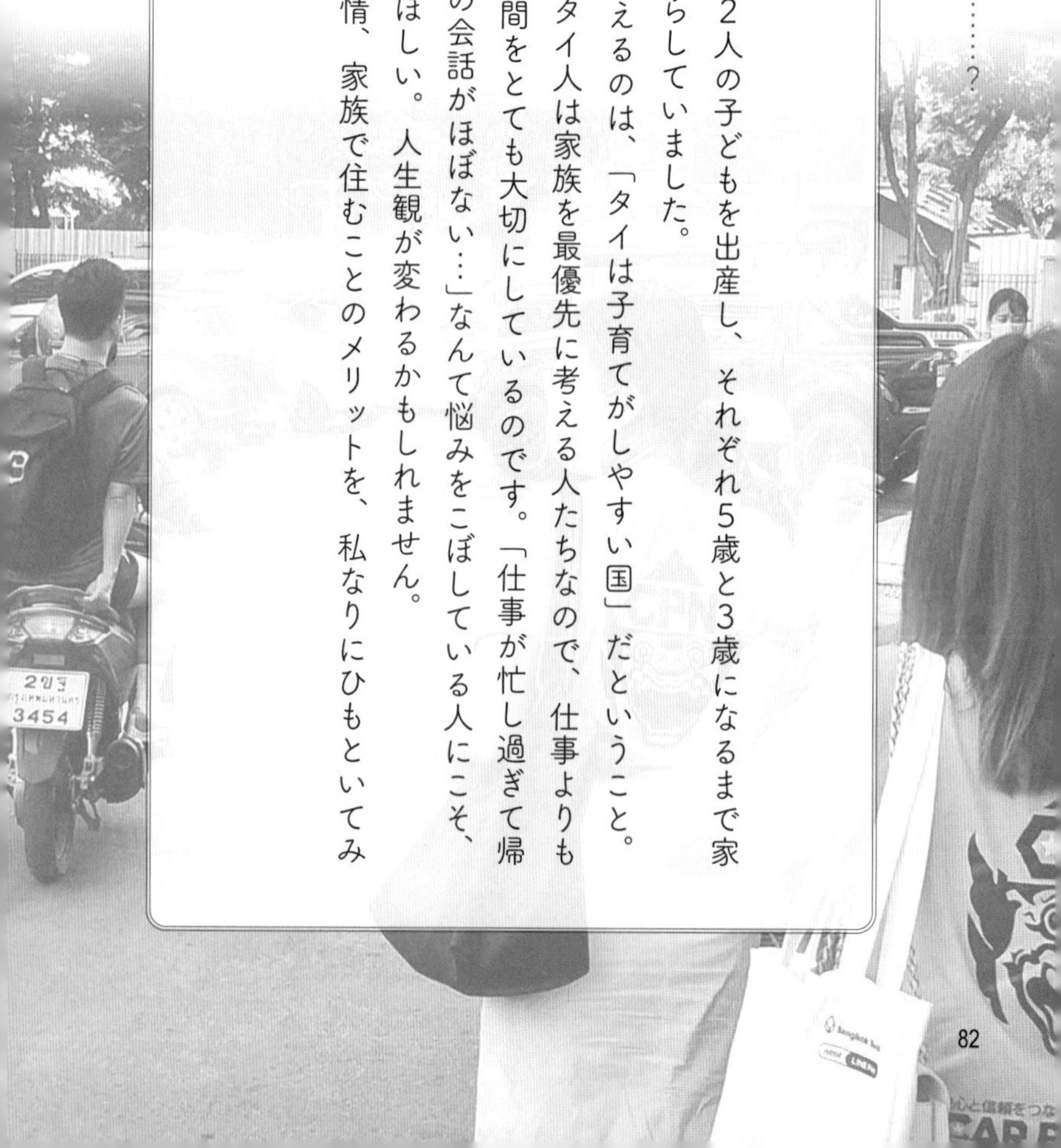

タイの子育て事情

日本では少子高齢化が問題視されていますが、実は、ＡＳＥＡＮの中で最も少子化が深刻なのはタイだといわれています。

後に詳しく触れますが、タイでは、女性の社会進出が進んでいるため「自分の暮らしをもっと豊かにしたい」「キャリアをもっと積みたい」という人々が子どもを産まない選択をしているのでしょう。

一方で、子どもを持つ富裕層はとにかく子どもへの教育費を惜しみません。少子化だからこそ、わが子を立派に育て上げて、この国を背負う存在にさせるのだという意気込みが感じられます。そして、そうしたニーズに対応する商品やサービスが次々に登場しているのが、タイの子育て事情です。

例えば、学習塾はもちろんのこと、脳のトレーニング教室や音楽教室など、子ども向けの塾サービスが大人気。さらには脳や健康に良いとされるサプリメント食品もたくさん売られています。

さらに、彼ら富裕層の中には、子育てと家事を完全にアウトソースするという考え方の人も多くいます。住み込みのベビーシッターやメイドを月7万円ほどで雇って、子どもの面倒を見てもらったり、掃除や食事づくりをすべてお任せしたりするのです。

ベビーシッター、どんとこい!

日本には「親は楽すべきではない」とか「他人に育児を頼るなんて情けない」というような世間の風潮がいまだになくなりません。特に、育児においては、「母親は何としてでも頑張らなければならない」という精神論のようなものが深く根付いているように思います。

だから、ベビーシッターやメイドの話になれば「子育てをお金を払ってまで外注するなんて……」とか「大変な思いをしてこそ、親としての自覚が芽生えるのに……」なんて、ナンセンスな考え方をする人が多い。でも、お金を払ってアウトソーシングをすることで、時間にも精神的にも余裕が生まれるなら、これほど良いことはないでしょう。

事実、私たち夫婦もタイに住んでいた時に、ベビーシッターを利用して非常に楽になりました。人の手を借りることはこんなにも気持ちの良いことだと知ったのです。

タイ人は子どもが本当に大好き。子どもを連れて街中を歩いていると、誰もがすれ違いざまにニッコリとほほ笑んでくれたり、手を振ってくれたりします。レストランで食事をしている時に子どもが泣き出すと、日本なら慌てて外に連れ出してあやすところですが、タイの場合は、スタッフが代わりに抱き上げてあやしてくれます。

「マイペンライ」で、自分たちにも寛容な国だからこそ、子ども相手にも広い心で接することができるのかもしれませんが、タイは実に子育てがしやすい国だと思います。

もし、ベビーシッターを使うことに抵抗がある人は、一度、タイ旅行の際に単発で依頼してみることをおすすめします。「これとこれを必ずしてほしい」「これはダメ」など、しっかり決まり事を作っていれば、その通りに遂行してくれますし（たまに「マイペンライ」で、なあなあにされることもありますが……）、その間、ゆっくり観光ができるでしょう。

そして、タイから帰る頃には、「こんなに気楽なら、日本でも家事育児の代行サービス使ってみてもいいかも」と、アウトソースすることへのハードルが低くなっているはずです。

日本も、子育てに関してはもっとタイのように気楽になれたらいいのになあと思うばかりです。

男女で子育ては当たり前！

ベビーシッターやメイドはある程度お金を持った層しか利用できませんが、所得や階級に関係なく、タイの男性は子育てに積極的にかかわる人が多いようです。だからなのか、日本ほど育児論争のようなものは耳にしません。

その背景には、女性の社会進出も関係しているのではないかと考えています。国際会計事務所「グラントソントン」が、女性の社会進出に関して調査した「国際ビジネスレポート（世界の中堅企業ビジネスリーダー、または経営トップ２５８０名を対象に２０１７年11～12月に実施）」の２０１８年３月の発表によると、タイ企業の上級管理職で女性が占める割合は42％だということが分かっています。これは35カ国中3位と、非常に高い数字です。

タイはこのように、「男性だから～」「女性だから～」といった考え方がそもそも存在しないのです。だから、「育児は母親の仕事」という固定観念もなく、男性もどんどん子育てにかかわっていくのではないでしょうか。

何でも受け入れる差別のない国

育児にも女性の社会進出にも前向きなタイは、どんな人でも受け入れてくれる大きな器を持っています。

例えば、タイの街中を歩いていると、アラブ人やインド人など、外見からして明らかにタイ人ではないと分かる人とよくすれ違います。もちろん、中には旅行者も含まれているのだと思いますが、それにしても、タイには、本当に数多くの外国人が住んでいるのだな、と感じます。そして、誰もそれを気に留めていない。差別発言も出てきません。

また、LGBT（レズビアン、ゲイ、バイセクシュアル、トランスジェンダーなどの性的少数者）に属する人々への偏見もほとんどありません。オフィスやレストランで、男性が女性の格好をしていても、特別視されることがない。タイ男性は徴兵の義務があるものの、軍隊でも「第3の性」として、ゲイであることを受け入れています。

何より素晴らしいと思うのは、他宗教をも認めているところ。タイ人の9割は仏教を信仰しているため、街の至る所に寺院があります。しかし、残り1割のイスラム教やヒンドゥー教、クリスチャンのための礼拝堂もある。一般的に、大多数の支持を得ているものはそれが絶対的な正義と錯覚されやすく、そこから少数派の人々を排除しようとしたり、批判したりすることから、差別が生まれます。それなのに、タイは他宗教を弾圧することがない。どんな人や宗教でも、受け入れるのです。

これは子育てにとっても、非常に良い環境ではないかと思います。多種多様な人がいても、特別視せずに認め合う。幼いうちからこの考え方が普通になっていれば、広い視野で物事を見る目が養われるのではないでしょうか。

インターナショナルスクールにGO!

小さい頃から多様な人種と触れ合い、視野を広げるという意味では、インターナショナルスクールも良いでしょう。大体、年間200~300万円ほどで、人気のスクールに通うことができます。何度も挙げているように、格差が激しいので、学校の幅も「ピンキリ」なのです。

「東南アジアの中で、良い教育を受けさせるなら、なんとなく、マレーシアやシンガポールが良さそう」と想像する人もいるかもしれませんが、過ごしやすさや周辺の環境を総合して考えると、満足度はタイの方が高いと、私は思います。

仕事よりも家族！

タイに移住した人が、自分の中での大きな変化としてよく挙げるのが「家族との時間を大切にできるようになった」というもの。タイの人々にとっては、家族こそ最もプライオリティーの高い存在です。アフターファイブは足早に家に帰るし、休日出勤をしたり、夜中まで接待をしたりなんてことはありません。子どもが風邪をひいたら、迷うことなく仕事を休みます。

何より、タイ人は「親」をとても大切にしています。小学生の子どもたちに「最も尊敬している人は誰ですか」と聞けば、ほぼ100％の確率で「両親」や「父」「母」を挙げます。それほど、タイの人々にとって、親は絶対的な存在なのです。女性が男性に言うお決まりのセリフ「仕事と家族、どっちが大切なの⁉」はタイ人から言わせれば「当たり前だろう。家族に決まってるじゃないか」でしょう。いや、そもそも家族を最優先にしているので、そんなセリフは女性から出てこないかもしれません。

ところで、あなたは毎年の母の日をちゃんとお祝いしていますか？　もしも、「そういえば、そんな日があったなあ」なんて言おうものなら、タイ人から「ありえない！なんて親不孝者なの！」と驚かれるので注意してください。なぜなら、タイ人は家族の中でも、特に、母親を大切にしているからです。

２０１５年8月16日、タイでは「Bike for Mom（母のために自転車に乗ろう！）」という、今は亡きタイ王妃の誕生日を祝うための一大イベントが開かれました。王妃のシンボルカラーである青のＴシャツを着用した参加者たちが、皇太子（現・ラーマ10世）の先導のもと、市内を自転車で駆け抜けるというもので、総勢14万６２００人が参加し、ギネスブックにも載ったそうです。

これほどまでに、母を思う気持ちが強いのです。日本では母を好きな男性のことを「マザコン」なんて揶揄することがありますが、おそらく、タイには「マザコン」のような概念はないのだと思われます。母親のことは好きで当たり前だからです。

私もタイに来て初めて現地の人々がここまで母親や家族を愛していることを知り、最初は驚きました。母の日が近づくと、スタッフ同士「今年はハンカチを送ろう」「私はもう用意したわ」なんて会話をしているのです。それまで、あまり母の日を重要視していなかった自分が少し恥ずかしくなるくらいでした。

家族旅行の幅が広がる

もしもあなたのファミリーが小旅行好きなら、なおさらタイはおすすめです。なぜなら、ＬＣＣなどを活用して周辺の島に気軽に出かけられるからです。

1時間弱でこんなにも行ける場所があるのは、タイの大きな魅力でしょう。日本では出合えない景色を、子どもたちにたくさん見せられる。まさに、タイはのびのびと子育てをしたい人にはうってつけの国なのです。

お金があったら幸せ?

私の知り合いは大学生の子どもがマレーシアに留学することを機に、家族で移住を決めました。当時は、周りから驚かれたそうですが、しかし、例えば、子どもが東京の大学に進学が決まったから、家族全員で東京に引っ越すことになったという話

観光地	航空会社	バンコクからの所要時間
プーケット	タイ国際航空 / バンコクエアウェイズ / ノックエア / タイ・エアアジア / タイ・スマイル / タイ・ライオン・エア　など	約１時間20分
クラビ	タイ国際航空 / バンコクエアウェイズ / ノックエア / タイ・エアアジア / タイ・スマイル / タイ・ライオン・エア　など	約１時間20分
サムイ島	タイ国際航空 / バンコクエアウェイズ	約１時間15分
チェンマイ	タイ国際航空 / バンコクエアウェイズ / ノックエア / タイ・エアアジア / タイ・スマイル / タイ・ライオン・エア　など	約１時間20分
チェンライ	タイ国際航空 / バンコクエアウェイズ / ノックエア / タイ・エアアジア / タイ・スマイル / タイ・ライオン・エア　など	約１時間20分
スコータイ	バンコクエアウェイズ	約１時間20分

タイ国政府観光庁より引用

は、そこまでびっくりされないでしょう。

職種にもよりますが、今は、どこでも仕事ができるような時代ですから、場所が変わったくらいなんてことはありません。それなのに、「海外」というだけで、「なんかよく分からないけどすごいこと」のように捉えられてしまうのです。一度、家族で海外に行ってみると、それがよく分かるはずです。

「一度、家族で海外に行ってみたらなんて言うけど、そんな時間あるわけないだろう。仕事の休みもそう簡単に取れないんだし」

そんな声が聞こえてきそうです。

日本人は息をするかのごとく「時間がない」と口にします。私もかつてはそうでした。いえ、「時間がない」という状態にしなければいけないという雰囲気が日本の職場に蔓延していたので、いやでも時間の余裕がつくれなかったのです。でも、タイに来てから、そんな働き方はやめて、残業とは無縁の生活を送っています。すると、

「そんなやり方で金が稼げるのか？」

「もっと頑張ったら、もっと稼げるようになるんじゃないのか？」

タイでの暮らしは、家族のありがたさや大切さに改めて気づかせてくれた

友人たちからよくこう言われます。しかし、私は逆に聞きます。

「そんなにめちゃくちゃ稼げるようになって、どうしたいの？　毎日遊んで暮らしたいのなら、別に今だってできるんじゃない？」

これは負け惜しみでも何でもありません。もちろん、ある程度の稼ぎは生きていくためには必要ですが、私はそれよりも「時間」を大切にしたい。「マネーリッチ」ではなく「タイムリッチ」こそが、幸せな人生を送る上で必要だと思うからです。

家族がいるならなおのこと。どれだけ家族のために働こうとも、家族と過ごす時間が削られたら元も子もない。

時間がいかに「幸せ」を感じさせてくれるか。タイで仕事をするようになってから、それを実感する日々です。

コラム④ 生まれた曜日を大切にする

日本では、自己紹介のときに「何型?」と聞く人がよくいます。A型なのかB型なのかO型なのかAB型なのかで、その人の性格を見破る。当たっているかどうかはさて置き、打ち解けるためのひとつのツールとしては効果的だろうと思います。

タイでは血液型ではなく、生まれた曜日をよく聞かれます。曜日にはそれぞれにシンボルカラーが定められているからです。

日曜:赤
月曜:黄色
火曜:ピンク
水曜:緑(午前生まれ)、黒(午後生まれ)
木曜:オレンジ

金曜：青
土曜：紫

といった具合に、日曜生まれの人は日曜には赤色のものを身に着けるなど、ゲン担ぎ的に使われています。

ちなみに、タイのシンボルカラーは長らく「黄色」。これは、前国王のラーマ9世と現国王のラーマ10世が生まれた曜日がともに月曜日だったからなのです。それほど、タイでは生まれた曜日を大切にしています。

日本で生活をしていると、自分が生まれた日が何曜日だったかなんて、気にも留めませんが、タイでは、頻繁に尋ねられますし、タイの子どもたちは幼い頃から、曜日のカラーを暗記するように仕込まれています。家族で移住する際には、子どもの生まれた曜日をしっかり覚えておくと、会話のネタになるでしょう。

さらに驚くことには、色だけではなく曜日ごとの仏像もあるということ。大きな寺院の中には、曜日ごとに仏像が並んでいて、訪れた人々は自分が生まれた曜日の仏像に参拝をします。

コラム⑤

おさえておきたいタイマナー

タイには、日本と異なるマナーがたくさん存在します。

特に、王室への敬意は忘れてはいけません。公共の場では、毎日午前8時と午後6時に国歌が流れるので、その間は歩いていても立ち止まり、歌が終わるまで待ちます。タイでは刑法112条によって「不敬罪」が定められているため、王室や国王のことを少しでも悪く言った場合は、裁かれる可能性があります。王族に関係しているものを粗末に扱うのもNGですから、紙幣をむげに扱わないようにしましょう。

また、タイ人の9割は仏教徒で、寺院や僧侶にも敬意を払います。僧侶は女性に触れることを戒律で禁じられているため、女性は僧侶を見かけたら接触しないように距離をとりましょう。

また、肌を極端に露出した格好で寺院に行くのもタブーです。場所によっては、参拝を断られたり、あるいは大きめのスカーフで隠すように指示されたりします。それほど、タイ人にとって寺院は神聖な場所なのです。

また、タイで一般的な挨拶は「ワイ（合掌）」です。胸の前で手のひら同士を合わせ、鼻の頭が指先につくまで頭を下げるのが基本動作。通常は、年下や身分の低い人物から先にする決まりになっているので注意しましょう。

このほかにも「食器に口を付けてはいけない」「食器を持ち上げて食べてはいけない」「左手で物の受け渡しはしない」など、日本では聞いたことのないマナーがまだまだあります。

Chapter❹
さあ、タイに飛び込もう

ここまで、タイのライフスタイル、ビジネス事情、子育て環境について紹介しました。さあ、基礎知識はもうばっちり。タイに行く心構えはできたはずです。

ところが、あともうひと押しというところで、足踏みをしてしまう人が何と多いことか。もったいない！あれやこれやと行けない・できない理由を考えるよりも前に、とにかく飛び込んでみましょう。悩むのはそれからでも大丈夫です。最後の章では、実際に、タイで働いている3名の方々のお話をもとに、日本人がタイで暮らしながら働くことについて考えていきます。

タイに行くことは「片道切符」ではない

「とにかく、なんとかなるさ！　くらいの気持ちで飛び込んでみたら？」

タイで働こうかどうしようか迷っている人に、こう声を掛けると、決まって怪訝な顔をされます。

「そんなこと言ったって、もしも失敗したらどうするんだ？」

「海外進出しますって言ったのに、すごすごと帰ってきたら、格好悪い」

「もしも、自分の肌には合わないと思っても、もう日本には居場所が残ってないかもしれない」

そんな「もしも……」にとらわれて、一歩を踏み出せないでいるのです。しかし、私は思います。「思っていたのと違った」と感じたら、その時に引き返したらいいんじゃないか、と。

だって「タイに行ったが最後、もう二度と日本に帰ってきてはいけません」なんて、誰も言っていないのですから。

もっといえば、早々に帰国したからと言って、それが「失敗」とは限りません。私はそもそも海外に行こうと一歩踏み出した時点で、その人はひとつの成功体験を得ていると考えています。

「失敗だ」と、頭から決めつけてかかっているのは、ほかでもない本人だけ。もし「うまくいきそうにない」と思ったら、方向転換すればいいのです。その方向が日本に帰国することなのかもしれないし、別の国に行くことなのかもしれない。それも、やってみないことには分かりません。だから「なんとかなるさ！の精神で飛び込んでみたら」と言っているのです。

私の知り合いに、スタートアップ支援コンテンツの開発や起業家のメンタリングを日本で手掛けている人がいます。彼はバンコクでＩＴ関連の企業を立ち上げたのですが、資金調達に苦戦し、３年で挫折。その後、すぐ日本に帰って現在の職に就いています。

でも、本人はバンコクでの経験を「失敗」とは思っていません。むしろ、その経験があったからこそ、スタートアップを希望している人に、様々な視点でアドバイスができるし、起業する大変さも理解できると考えている。いうなれば、タイでの出来事がアドバンテージになっているのです。もうこの時点で、彼がタイに進出したことは「成功」でしょう。

また「タイに行ったら、ずっとそこで働かなければいけない」と考える人がいますが、まったくもってそんな必要はありません。海外で数年働いて実績を作れば、日本で転職先を探す際に、非常に有利に働きますから、帰国を恐れることはないのです。

例えば、以前、私のもとで働いていた男性は「自分のキャリアを変えたい」と思い立ち、30代前半で会計士の資格を取得しています。しかし、国際ビジネス資格の最高峰「USCPA（米国公認会計士）」も持っている超優秀な人材にも関わらず、日本企業からは「経験者しか採用しません」と言われてしまい、なかなか就職口が見つからずにいました。

そんな時に私と出会い、一緒に働いてもらうことに。「海外勤務経験なし」「会計事務所経験なし」という二重の挑戦でしたが、やはり非常に賢い方で、とても力になってくれました。

その後「日本でも挑戦してみたい」と言っていた彼は私のもとで4年働いた後、40代前半で帰国を決意。現地で、日本人以外の人と語学を使って仕事をした国際経験は大きなアドバンテージです。この他の人が持っていない経験を生かし、現在は、国際的な中堅会計事務所の日本の会計及びクロスボーダーのアドバイザリーチームのリーダーを任されているそうです。

彼の例は「何かを始めることに年齢は関係ない」と、力をもらえるケースでもあります。「やってみたい」と思った時がすべての始まり。できない理由を探している暇なんてないのです。

さらに、私は現在、タイと日本を行き来しながら働いています。そう、タイに「永住」する必要なんてないのです。

近年は「ワーケーション」という働き方が広まっているように、もっと気軽に、それこそ「明日は軽井沢の別荘で仕事をしようかな」というくらいの気持ちで、タイに行ったっていい。「そんな、ちょっとの間、海外で仕事をしていたからって何も変わらないでしょ」と言う人もいますが、そんなことはありません。少し生活をしてみるだけでも、例えば「この程度の英語レベルでも意外と通用するんだ」と気付くことができます。

現地の空気を感じることで、考え方だって変わるかもしれません。とにかく「まずは行ってみる」ことが大切なのです。

もちろん「もう二度と帰らないぞ！」くらいの意気込みで自分を窮地まで追い込んで挑むことも素晴らしいでしょう。しかし一方では「何かあったらすぐに帰ってもいいんだ」と常に「日本行」のチケットを持っているくらいの心の余裕は持っておきたいものです。

そうすれば、少しは「なんとかなるさ！」という気持ちが湧いてきませんか？　それに、タイと日本はさほど離れていませんし、時差も2時間。もっと気楽に飛び込んでみてもいいのです。

「まずはやってみよう」の精神で

以前、テレビ朝日「報道ステーション」で、テニスプレーヤーの松岡修造氏と野球選手の新庄剛志氏の対談が放送されていました。

その中で、新庄氏はこんなことを言っていました。

「一歩踏み出した方がいい。自分の才能は周りが見極めてくれる。才能というものは自分自身では分からない。一歩踏み出して、色々なことをやって、周りの人が決めてくれる」（要約）

まさにそうだと大きくうなずきました。

通常、海外で働くには、何か特別な才能が必要だと考えがちです。「語学が人より堪能じゃなければ……」「大学を出ていなければ……」「留学経験がなければ……」「経営者としての実績がなければ……」など、とにかく何らかの才能がないとできっこないと思ってしまう。

しかし、自分にどんな才能があるかなんて、自分自身が分かるわけがないのです。だからこそ「まずはやってみよう」と、何でも飛び込んでみる。そうすると人生が動き出して、自分でも気付かなかった能力が目覚めるかもしれません。

あるいは、関わってくれる人たちが「あなたのここ、素晴らしいよね」と才能を教えてくれることでしょう。そこから、あなたの人生はどんどん前に進むのです。

また、新庄氏は指導者になった経緯を「野球が好きだな、子どもに教えるのって面白いなと思ったから」とも語っていました。決して「自分は野球の才能があるから指導者になるべきだ」とか「経験を生かさなければ」と思ったわけではないのです。ただ単に、自分がそう感じたから、自分が面白そうだと思ったから、動いた。それだけ。ああ、なんてかっこいいんでしょう。

この行動力こそ、タイで暮らしながら働く上で大事なものだと思います。「やってみたい」「面白そう」「好きだなあ」。動機はそれだけで充分。むしろ、それ以外に何があるというのでしょうか。

おっと。「いやいや、それは新庄ほどの人間だから言えることであって、一般人からすれば、なかなかリスキーだろう」と、ここにきてもまだ行動に移せない理由を探そうとしていませんか。

では、一般の人でも「まずはやってみよう」の精神があれば、タイで最高の働き方を見つけられるという例をお話しましょう。

「どうにかなるかな」でタイで独立 ～越陽二郎さんの場合～

越 陽二郎さん

1984年生まれ。2008年東京大学卒業。2009年、株式会社日本能率協会コンサルティング入社、経営戦略コンサルタント兼アジアマーケティングチームメンバーとして従事。2011年、株式会社ノボットに入社、KDDI子会社 medibaへの売却に伴い、同社の海外戦略部創設に参画。タイ拠点立ち上げリーダーとして1

年の任期を終えた後、2013年3月に退社。その後、タイ・バンコクでTalentExを創業。タイ市場向け日本語人材採用サイトやジョブフェアの「WakuWaku」などを手掛ける。

1人目は、バンコク在住の経営者・越陽二郎さん。

私が右も左も分からない状態で、タイで事業を始めるとなった時に、知人が「この人とつながっておくと安心だ」と紹介してくれたのが始まりです。お互いにIT系の企業で働いていたバックグラウンドがあり、家族や人生についての価値観も近かったので、すぐに親しくなりました。

15歳までアメリカで過ごした越さんは東京大学を卒業し、KDDIグループのスマホ会社の駐在員として2012年にタイへ。任期を終えた翌年に退社し、そのままタイに残って「TalentEx」というITサービスを展開する企業を立ち上げました。

なぜ、あえてタイで起業する道を選んだのかというと、越さんいわく「勢いだった」とのこと。大学時代に、ボランティアやバックパッカーとして海外を回り、最も気に入ったのがタイだったため、もともとタイには思い入れがあった。だからこそ、前職での任期が終わった後も引き続きタイで挑戦したいと思ったのだそうです。しかし、当時は、ＩＴ系の転職先が今ほどたくさんなかった。そこで「まあ、どうにかなるかな」と独立して自分で会社を起業する道を選んだというのです。

私と越さんに共通するのは、ずばり「勢いに任せてタイで起業したこと」でしょう。越さんは「安易に起業したので大変なことももちろんあったけれど、日本に帰りたいと思うことは一度もなかった」と言い切ります。

なぜなら、彼は日本人として海外で人の役に立つ事業を生み出すことに、自らの人生の価値を見出し、わが子にも自分の仕事を誇れると実感しているからです。

私は正直に言うと、ここまで立派なことは考えていません。ただ、「逆境に身を置いた方が、自分がワクワクする」から、日本に帰りたいと思ったことはないというだけ。越さんほどの志を持っているわけではないので、同列にするのはおこがましいのですが、でも、越さんも私もなんとか事業を継続できたことの理由のひとつは「タイが好き」という気持ちが大きいのではないかと思います。

そんな越さんにとって、タイは「自分らしくいられる国」。
会社のためにがむしゃらに働く日本人とは対照的に、タイの人たちは無理をせず、個人の幸せを優先し、残業は一切しない。子どもが病気になったら、仕事を休むのは当たり前。家族を大切にする文化があり、社員旅行には家族を連れて行く——。日本の働き方に違和感を持っていた越さんにとっては、こうしたタイの家族観がうまくフィットしたようです。
「周りのことを気にしがちなタイプだった」という越さんは、もし東京で起業していたら、周囲の目が気になったり、周りと自分を比べたりして窮屈に感じていたかもしれません。しかし、タイでは、人との違いなんてまったく気にならない。のびのびと自分らしく振る舞えて、それを許容してくれる風土があります。

自分らしく生きたい人にとっても、タイは魅力的な国なのでしょう。

移住を決意して2カ月半後には現地へ　～Nさんの場合～

Nさん

1988年生まれ。2015年5月からタイに移住。大学生の頃に留学を経験し、日本の良さに改めて気付いたことがきっかけで、前職は日本の文化に関わる会社へ就職。しかし、自分のキャリアを考えた際に、海外就職のワードが浮かび、入社4年目で転職を決意。現在は日系人材紹介会社で法人営業と人材コンサルティングを担当している。

タイで働きたいという人の中には越さんのように「起業をしたい」という人もいれば、「タイの企業に就職したい」という人もいるでしょう。

次に紹介するのは、タイへの転職を決意した2カ月半後には、すでに、現地で働いていたという、かなりの決断力の速さを持つNさんという女性です。

Nさんとタイの出会いは大学生時代。国際関係の学部にいたため、タイの地方にある提携校で、3カ月ほど日本語教師のアシスタントを経験しました。ただ、その頃は「海外で働く」という発想はなく、卒業後はもともと好きだった日本の伝統文化に関わる会社に就職をします。

ところが、入社から2年後「いつかは異動したい」と思っていた部署が廃止になり、一気に意欲を失ってしまったNさん。

新たな目標を見出せず、いっそ転職をしようか……と考えていた折、同期から「大学で国際関係を学んでいたなら、海外で就職したらいいんじゃない？」と言われたことをきっかけに、2015年3月に、情報収集のつもりで海外の人材紹介会社に登録します。するとそれからすぐに、タイの法人で求人があると連絡があり、なんとその

3月のうちに内定をもらうことができました。

実は、当初はどの国で働きたいといった明確なこだわりはなく、たまたま紹介されたのがタイだったというだけ。しかし、思い返せば、大学時代にタイを訪れた時に「なんとなく良いな」という感覚はあったそうです。両親に話す際も「留学したことがある国だから大丈夫」ということで、意外とすんなり海外勤務を許してもらえたと言います。もしかしたら、タイに呼ばれていたのかもしれませんね。

そこからは、めまぐるしい速さで状況が変わっていきます。内定後、すぐに会社に交渉し、退職を1カ月後と決定。在職中に弾丸でタイに行き、住居もすぐに決めました。物件は日系の不動産会社のデータベースからいくつか良さそうなものをピックアップして案内してもらい、最終的に、駅から徒歩圏内でプールとジム付き、24時間セキュリティありのコンドミニアムの21階、家賃は5万円ほどの物件に落ち着いたそうです。

そして、家が決まったら、5月半ばにはバンコクの人材紹介会社で勤務をスタート。日本で転職を決意してわずか2カ月半後には、現地で働いていたなんて、驚異のスピードです。「ピアスの穴も開けられないほどビビりなのに、これだ！　と思うと深く考えずに突き進んじゃうんですよね」とNさんは照れくさそうに笑っていました。また、コンドミニアムを借りるときには、家賃3カ月分を支払う必要があること、当面の生活費を考えて50万円ほどの蓄えがあれば心配いらないというアドバイスもいただきました。50万円で新天地に行けると考えると、やっぱりタイはお得だなと思うのです。

現在、Nさんのオフィスには約70人が在籍し、そのうち日本人は10人ほど。社内では基本的に英語を使い、少し話せるようになったタイ語を使うと、現地の人に喜ばれるそうです。

タイに来た当初は、日本でもらっていた給料より下がったものの、その後に昇進・昇格し、今では、マネージャに抜擢されて、日本にいた時より高給になったと言います。「大学の奨学金を返済しながらでも、生活に困ることはありません」。

ちなみにNさんは一度もホームシックになったことがないそうです。モスバーガーや大戸屋、やよい軒、吉野家など日本食の店がたくさんあるので、食べものには困ら

ないし、現地には、日本人向けのサークルや集まりなどがあるので、日本人の輪を広げることもできます。

さらに、国内外への旅行を気軽に楽しめることも、Nさんがタイを気に入っている理由のひとつ。こうしてタイでの暮らしを満喫できているから、まだまだ帰国する予定はないとのこと。もっとキャリアを積んで、仕事を楽しむことが、現在の目標だと言います。

「日本にいる時は、いずれ結婚して子どもがほしいと思っていたものの、年々その思いは弱くなってきました。タイでは、バリバリ働く独身女性がたくさんいるのです。彼女たちを見ていると、今は自分の人生を豊かにすることに重きを置きたいなと思うんですよね」と、Nさん。続けて「日本では、人と違うあり方や意見を表現することはあまり良くないことのように感じて、できるだけ目立たないようにしていましたが、タイにはいろいろな考えの人がいて、本当の自分を出しても受け入れてもらえるという安心感があります」と話してくれました。

一度きりの人生、挑戦しないと！　～Mさんの場合～

Mさん

１９８８年生まれ。前職はＩＴ企業でアジア地域の販売支援を担当。もともと、海外での仕事に興味があり、海外の販売支援を担当したことがきっかけで、転職を決意。同時期に奨学金を返済し終えたことも後押しとなり、２０１９年７月よりタイへ。現在は、人材紹介会社で働いている。

3人目のMさんはかねてから、海外で働くことが夢だったものの、私と同じで、タイに行く前には「海外で働くには高い英語力が必要だ」とずっと思っていた女性。ところが、大学卒業後に就職したIT系の大企業でアジア地域のプロジェクトや販売支援を任されることに。出張でタイやフィリピン、シンガポール、ベトナムを訪れた時に「私でも意外と海外で働けるかもしれない」と感じたそうです。特に英語が母国語ではないアジア圏なら、お互いに、ボディランゲージなどを使って歩み寄ろうとする姿勢があるので、より働きやすいのではないかと思いました。

さらにもうひとつ、彼女が海外行きを決意する大きなきっかけとなったのは、大学の奨学金を完済したことでした。ようやく足かせがなくなり、将来のことを考えたMさんはふと「このままズルズルと同じ仕事や生活を続けていたら、死ぬ前に後悔するかもしれない。一度きりの人生、もっといろんなことに挑戦しないともったいない！」と思い立ちます。

そして、Mさんが次なる人生のステージに選んだのが、タイだったのです。

「ポジティブで明るいタイの国民性や生活しやすい環境に惹かれて、2019年2

月に転職を決意し、そこから2カ月後には内定をいただきました」。

Mさんが現在住んでいるのは、ローカルの人が多く、ストリートフードが充実したエリア。転職にあたり、給料が日本の半分ほどになったため、まずは、安くておいしいローカルフードを楽しもうという意図があったと言います。タイの物価は日本に比べて安いのですが、日本食はタイ食の3倍ほど。先の生活が見えない中で、まずはタイの食事に慣れておこうという彼女の戦略は賢明といえるでしょう。

実際に生活してみると、給料が半分になっても、生活費が安いため、赤字にはならないそうです。しかも、住んでいるのは、ジムとプールが付いたコンドミニアムなので、家にいる間もゆったり過ごせます。入り口には指紋認証のセキュリティまであって、家賃は月5万9000円ほどというのは、やはり魅力的ですよね。

また、日本人は割り切って仕事をするけれど、タイ人は「この人が好きだから、働く」という特性があると実感したと言うMさんは、そんなタイ人の同僚といい関係を保つために、タイ語を勉強して積極的に交流し、プライベートをオープンに話すように心掛けていると言います。

さらに、家族を大事にするタイの文化に影響を受けて、日本にいた時より、頻繁に家族に連絡を取るようになった、とも教えてくれました。日本では、年に一度だけ帰省し、用事があるときしか連絡しなかったのに、今は週1回のペースで、写真やメッセージを送っているそう。とはいえ、ホームシックになったことはなく、在タイ2年目になり、少し日本の冬が恋しくなってきた程度だと笑います。

「同じような人が集まっていた日本に比べて、個性豊かな人たちや考えに触れられるタイでの生活は、新たな発見や出会いの連続で、楽しくて仕方がありません。日本では、結婚しなければいけないと思っていたけれど、今は、信頼できるパートナーがいれば、結婚というカタチには固執しなくていいんじゃないかと考えています。あと10年くらいは、タイで働き、その後は他の国に行ってみてもいいかな。とにかく、今のところは日本に帰ることは考えていません」。

駐在や留学などで、タイの暮らしを味わった人たちが「もう日本に帰りたくない」と悲しそうにこぼしていた姿を、幾度となく目にしてきました。そういう意味ではちょっと危険な国かもしれませんね。

タイ就活、何が正解？

Nさんや Mさんのように、タイで働き口を見つけるには、さまざまな方法が考えられます。

最短ルートは知人の紹介で入り込むことですが、誰もがタイに知り合いがいるとは限りません。最もベーシックなのは、日本と同様にネットで「タイ 転職」とか「タイ 求人」というキーワードで検索することでしょう。そうすると、転職サイトや人材派遣会社などさまざまな求人がヒットします。

その中から、仕事の内容や給与、必要とされるスキルなどをチェックし、ピンとくるものから登録して応募してみましょう。

最近はスカイプやZｏｏｍなどを使った「オンライン面接」が基本。あとは手順に従って無事に働き口が見つかるよう、自分のスキルをくまなく発揮させてください。

もしくは、何のあてもないけどとにかくタイに行ってみるというのもひとつの手です。まずはタイに「暮らす」ことから体を慣れさせていき、語学学校に通ったり、馴染みの店を作ったりする。そのうちに知り合いができるので、そこからどんどん親交を深めていけば、自然と働く場所が見つかります。

何度かお伝えしている通り、タイの失業率はほぼ0に近い。ですから、よほど問題がない限りは、どこかしらで働くことはできるはずなのです。

タイで働くために必要なもの

タイで就労するには「ノンイミグラントーB」というビジネスビザの取得が必要です。さらにビザを取得してタイに入国した後は、労働社会福祉省労働監督局か、バンコクにある「ワンスタート・ワンストップ投資センター（OSOS）」にワークパミットという労働許可証の取得申請をします。原則的に、これが発行されて初めて、タイで正式に働くことができるのです。

主な流れを左記のようにまとめました（JETROより抜粋）。

1　在外タイ大使館または領事館にて非移民ビザBを取得
2　入国審査で90日間の滞在許可を取得
3　滞在許可期間内に労働許可申請（ワークパミット）を行う
4　通常、90日間の滞在許可期間内に労働許可が下りる。この労働許可の期限は、滞在許可の期限と同日
5　ビザと労働許可の期限内に、まずビザの延長申請をし、入国日より1年間の滞在許可を取得
6　ビザの延長許可後に労働許可も延長申請をし、ビザの期限と連動して延長される
7　さらに滞在を延長する場合は、滞在許可期間内に同手続きを行い、更新を繰り返していく

タイで長く働くとなると、何度も更新をする必要がありますが、大変だと感じるのは最初だけ。慣れてしまえばまったくストレスになりません。

また、タイで起業する場合は、税務登録や各種ライセンスの取得など、手続きが異なるので注意しましょう。

そのほかに必要なものは、やはり「タイを好きな気持ち」。これを持ち続けることができる人は、きっと、何が起きてもくじけずに、立ち向かっていけるはずだと私は信じています。さあ、タイに飛び出しましょう！

おわりに

タイで仕事を始めて8年。

つくづく思うのは、タイの人はとにかく「非効率的」で「非合理的」で「個人主義」だなということです。自分の判断で勝手に動くし、他人には干渉しない。自分が嫌だと思えば、すぐに仕事を辞めてどこかへ行ってしまうし、逆に自分が気に入れば、会社のことをこれでもかというほど愛してくれる。何より、家族と一緒に過ごす時間をとても大切にします。

一方、日本はその正反対。いかに効率的・合理的に動くかを常に考えているし、空気を読んで他人を気遣う力に至っては、おそらく世界で一番ではないでしょうか。また、家族を優先したくても、仕事に忙殺されてその時間が取れない……という人もたくさんいます。だから、私たちはタイの人と働くと、一瞬ギョッとしてしまうのです。

「何を考えているんだろう……」

と目を見張ってしまうし、

「そんなのアリ⁉」

と口をあんぐりと開けてしまうし、

「なんでもっと周りのことを考えないんだ！」

と、ときには憤りを感じることもあります。

しかし、昨今、日本では「新しい働き方」を模索している人が増えています。彼らが描く理想の働き方は、ライフスタイルを大切にし、残業はしない。嫌なことにはＮＯと言い、自分が心から楽しいことだけやるというもの。長く日本の労働環境に慣れてしまうと「そんなきれいごとのような働き方ができるわけがない」と思ってしまうでしょう。しかし、これを何十年も前から体現しているのが、タイなのではないかと思うのです。そして、もしかしたら私たちが目指すべき姿は、タイにあるのではないか、とも。

ここ数年、新型コロナウイルスという未知の敵によって、世界はめまぐるしく変化してしまいました。しかし、これはある意味「チャンス」でもあります。

多くの人は日本の対応の悪さやワクチン導入の遅さを遺憾に思ったことでしょう。そして、海外に少なからず希望を感じたのではないでしょうか。だとしたら、答えはひとつ。海外旅行が再開したら、どんどん日本を飛び出して、自分の可能性を広げるべきです。

私が好きな偉人の一人、チャールズ・ダーウィンは進化論の中でこう説いています。

「唯一生き残ることができるのは、変化できる者である」

変わり続ける時代の中で、生き残るためには、自分自身も変わり続けなければなりません。アップデートし続けなければなりません。

タイはそんな新しい生き方を可能にする場所です。あなたの未来を映し出す鏡です。ぜひ、そのパワーを、あなた自身の身体で、心で、感じてみてください。本書を読んで、少しでもタイのことを好きになり、「タイに行ってみよう」「タイで働いてみよう」と思っていただければ望外の喜びです。その気持ちが熱いうちに行動に移してほしいと思います。

また、本書の執筆に当たっては、インタビューに協力してくださったお三方にとても助けられました。貴重なお話の数々を聞き、改めて「マイペンライ」の心持ちでタイに飛び込むことの良さを実感しました。本当に、ありがとうございました。そして何より、私をタイに導いてくれた妻、いつも元気を与えてくれる2人の娘たちにも最大の感謝を。

最後に、この本を手に取ってくださった読者へひと言。

いつか、あなたとタイでビジネスの話ができる日を楽しみにしています。いくつになってもワクワクできることに出合えるよう、ともに歩み続けましょう!

【著者プロフィール】

森場 忠和 Moriba Tadakazu

公認会計士。トーマツにてＩＰＯ支援を経験後、ＤｅＮＡにて財務、Ｍ＆Ａ、管理会計を経験、その後タイにて会計事務所を起業、日系企業の投資・財務戦略を支援。現在は日本にてベンチャー・スタートアップ企業に対する財務戦略、資金調達、投資の支援業務を実施。ベンチャー内での業務、海外起業に自らも挑戦してしまう、不確実・不安定な状況を好む変わった士業。「情熱」、「人間味」、「愛」をもって経営者と接し、対話をすることが大好き。それにより、経営者とステークホルダーを本当の幸せに導くサポートを行うことを大事にしている。 趣味は海外旅行とタイマッサージ。

タイで見《み》つける最幸《さいこう》の働《はたら》き方《かた》

タイ語《ご》がほとんど話《はな》せない僕《ぼく》が
バンコクでベンチャー社長《しゃちょう》になった理由《わけ》

令和３年８月31日 初版発行

著　者　森場　忠和
発行者　田村　志朗
発行所　㈱ 梓 書 院
〒812-0044 福岡市博多区千代3-2-1 麻生ハウス3F
tel 092-643-7075　fax 092-643-7095

印刷製本　青雲印刷

ISBN978-4-87035-720-4